Vater werden

Denis Saceanu

Copyright © 2023 by Denis Saceanu

Alle Rechte vorbehalten.

Kein Teil dieses Buches darf in irgendeiner Form ohne schriftliche Genehmigung des Herausgebers oder des Autors vervielfältigt werden, es sei denn, dies ist nach deutschem Urheberrecht zulässig.

Inhalt

1. KAPITEL 1 — 1
2. KAPITEL 2 — 28
3. KAPITEL 3 — 50
4. KAPITEL 4 — 61
5. KAPITEL 5 — 70
6. KAPITEL 6 — 130
7. KAPITEL 7 — 138
8. KAPITEL 8 — 144
9. KAPITEL 9 — 151

KAPITEL 1

Wann beginnt wohl offiziell das erste Trimester? Mit der Befruchtung?

Falls du dich dabei ertappt hast, die Frage genauso beantwortet zu haben: Genau genommen beginnt dieser Zeitabschnitt mit der letzten Menstruation vor der Schwangerschaft. Das bedeutet, die letzte Blutung der Frau wird als der erste Tag der Schwangerschaft gezählt. Solltest du als Mann nicht genau darüber im Bilde sein, wann das war, die Frau weiß das sicher ziemlich genau (wenn sie das Datum nicht sogar im Kalender vermerkt oder in einer entsprechenden App eingetragen hat). Sie kann auf den genauen Tag zurückrechnen.

In dieser auch als Frühschwangerschaft bezeichneten Phase passiert enorm viel enorm schnell – und das, obwohl es fast unmerklich voranschreitet und nach außen für den ein oder andern kaum bemerkbar ist. Mit der erfolgreichen Befruchtung und der Verbindung von Ei- und Samenzelle fällt sprichwörtlich der Startschuss für die ersten entscheidenden Wochen.

Ab der Einnistung der befruchteten Zelle in der Gebärmutterwand (ungefähr um die 3. Woche) spricht man von einem Embryo.

Innerhalb kürzester Zeit entwickelt sich so das Neugeborene. Mithilfe eines Ultraschallgeräts kann der Herzschlag schon zwischen der 6. und 8. Schwangerschaftswoche sichtbar gemacht werden. Willst du bei diesem ganz besonderen Arztbesuch dabei sein? Es lohnt sich sicher!

Zu den ersten Wochen gehört nicht nur Euphorie und Aufregung. Ihr beide werdet sicherlich Angst empfinden. Angst vor dem, was kommt und davor, dass irgendetwas schief geht. Da anfangs ein erhöhtes Risiko eines Abgangs, also einer Fehlgeburt, besteht,

hängen viele werdende Eltern das Ereignis zunächst nicht an die große Glocke. Zumindest im ersten

Trimester werden viele zum Geheimniskrämer und halten sich mit der Ankündigung der Geburt zurück.

Die ersten Wochen bringen für die Frau vor allem Müdigkeit und Übelkeit mit. Häufig tritt bei ihr ein Spannen in den Brüsten auf. Denn während es für dich und andere Außenstehende nicht sichtbar ist, spürt es die werdende Mama bereits: In ihrem Körper verändert sich etwas. Neues Leben wächst schneller heran, als man(n) es zunächst vermuten würde. Stellt euch auf eine anstrengende Zeit ein, dessen Ende jedoch absehbar ist. Mit dieser Gewissheit kannst du die Schwangere auch gegebenenfalls beruhigen. Ansonsten gilt: Sei für sie da, so gut es geht, und berücksichtige ihre Empfindungen. Halte ihre Hand oder die Haare, wenn du einen Spurt zur Toilettenschüssel miterlebst. Denn für das in ihr heranwachsende Leben bist du ebenso verantwortlich. Mitgehangen, mitgefangen! Eher mitbeteiligt. Auch wenn du das Kind nicht selbst austrägst, kannstdudochenormunterstützenundzueinerglücklichen

Schwangerschaft beitragen.

Mit Einbruch der 13. Schwangerschaftswoche tritt in der Regel die erste Erleichterung ein. Denn ab dann spricht man von einer gefestigten Schwangerschaft – das Risiko einer Fehlgeburt ist ab nun deutlich geringer. Deswegen wird oft bis zum zweiten Trimester gewartet, bis Freunden, Arbeitskollegen und/oder sonst wem aus dem Umfeld die glückliche Botschaft verkündet wird.

Die werdende Mutter brennt sicher schon darauf, es beim nächsten Kaffeeklatsch brühwarm ihren Freundinnen zu erzählen. Auch die besser werdende körperliche Kondition sorgt dafür, dass die Ungeduld, das Geheimnis zu lüften, wächst. Zu diesem Zeitpunkt sollten die anfänglichen Beschwerden nachgelassen haben und die Frau sich besser fühlen. Je nachdem/je nach Woche sind sogar erste äußerliche Anzeichen erkennbar: der Bauch beginnt sich zu wölben. Aufgrund des enormen Wachstums des Babys wächst der Bauch immer schneller; die Kugel, die die Frau vor sich herschiebt, wird größer. Bald ist die Schwangerschaft nicht mehr so einfach zu verbergen.

Nicht nur der Fötus wächst, sondern auch seine Organe entwickeln sich. Außerdem schreitet in diesem Trimester bereits die Entwicklung des Gehirns voran. Bis das Baby zum Ende hin bereits zu einer einfachen Informationsverarbeitung imstande ist. Es hat dann ungefähr die Größe einer Aubergine. Zeitgleich entwickeln sich die Augen, das Gehör und die Motorik des jungen Gemüses. Handelt es sich anfangs noch um ein leichtes Flattern, können im Laufe der Zeit kleine Tritte im Unterleib der Mama wahrgenommen werden. Die meisten Frauen spüren das sich in ihnen bewegende Baby in ihrer ersten Schwangerschaft um die 20. Schwangerschaftswoche – du musst dich wahrscheinlich noch einen

weiteren Monat gedulden. Ungefähr mit Anbruch der 24. Woche kannst du das Baby durch Handauflegen im Bauch der Mama spüren. Das Geschlecht könnte sich bei der Vorsorgeuntersuchung schon offenbaren. Denn das ist gegen die 18. Woche erkennbar.

Nicht nur das sorgt für Euphorie, sondern der allgemeine gesundheitliche Zustand der Frau befindet sich in dieser Phase auf dem Höhepunkt. Ihr beide werdet sehen, dass sich die vielleicht anstrengenden ersten Wochen ausgezahlt haben. Zwar können mit Voranschreiten der Schwangerschaft Beschwerden aufgrund des zunehmenden Bauchumfangs auftreten, aber das sollte nicht gegen gemeinsame Unternehmungen sprechen oder die Vorfreude dämpfen.

Geht doch zum Beispiel gemeinsam Umstandsmode shoppen! Es gibt echt sexy Schwangerschafts-BHs. Auch im Hinblick auf ein meist als unangenehm beschriebenes Gefühl (die sich dehnenden Mutterbänder oder das Becken, das sich weitet), bieten sich Ausflüge an. So empfiehlt es sich, für Ablenkung zu sorgen und Aktivitäten wie Schwangerschaftsgymnastik, Yoga oder Schwimmen auszuprobieren. Du könntest die Tasche packen und mit der werdenden Mama an den See fahren. Oder ihr unternehmt den letzten romantischen Urlaub, in dem ihr noch keine Windeln wechseln müsst und ungestört seid. So oder so: Genießt das Trimester und freut euch auf die Zeit zu dritt!

Im dritten und letzten Trimester ist die Entwicklung insofern abgeschlossen, dass sogar eine solche Frühgeburt mit einer guten Wahrscheinlichkeit überleben könnte. Nichtsdestotrotz benötigt das Baby diese letzten Wochen, um weiter zu wachsen und zu reifen. Mit Beginn dieses Zeitabschnitts lässt sich teilweise schon beobachten, dass die Geburtslage von dem Baby eingenommen wird.

Das bedeutet in den meisten Fällen, dass sich der Kopf des Ungeborenen nach unten richtet. Es kann aber auch durchaus sein, dass sich der Nachwuchs damit noch etwas Zeit lässt. Denn im besten Fall sind es ja noch einige Wochen bis zur Geburt.

Während das Baby weiter heranreift und die Geburt näher rückt, nimmt der Umfang des Bauches noch weiter zu. Das kann nicht nur zu Rückenbeschwerden führen, sondern auch für Kurzatmigkeit oder Magenprobleme sorgen. Eine bewährte „Medizin" ist in dieser Hinsicht die Schonung. Dafür reicht es oft nicht, dass sich die Frau hin und wieder hinlegt oder zurückzieht. Ihr könnt euch ja auch gemeinsam längere Zeit auf dem Sofa fläzen und Serien oder Filme gucken. Besonders der Mutterschutz (und nein, du kannst keinen beantragen; du hast aber später Anspruch auf Elternzeit) ist dazu da, um die werdende Mama zu schonen und sie zu entlasten.

Du kannst die werdende Mama von möglicherweise täglichen körperlichen Beschwerden ablenken. Werde dafür gegebenenfalls erfinderisch. Oder aber meckere zumindest nicht, wenn du um 23 Uhr noch einmal zur Tankstelle geschickt wirst, um Süßes oder etwas anderes gegen den Heißhunger zu kaufen.

Vor allem das Baby selbst kann aber auch dazu beitragen, dass die Frau etwaige Unannehmlichkeiten oder Probleme vergisst. Denn in diesem Trimester sind die Bewegungen des Kindes bereits sehr

ausgeprägt. Spätestens jetzt erlebst auch du den ganz besonderen Moment, in dem du die ersten Tritte spürst. Das Auflegen deiner Hände auf den (stark) ausgedehnten Bauch wird nicht nur dich verzaubern, sondern auch der baldigen Mama ein Lächeln ins Gesicht zaubern.

Zwar ist es niemandem zu wünschen, doch eine Schwangerschaft birgt immer auch Risiken. In diesem Abschnitt erfolgt eine Übersicht möglichen Komplikationen. Neben einer Erläuterung werden auch Ratschläge dahingehend oder präventive Maßnahmen vorgestellt.

Präeklampsie (Schwangerschaftsvergiftung)

Die auch als Präeklampsie bezeichnete Schwangerschaftsvergiftung wird oft erst nach der 20. Schwangerschaftswoche diagnostiziert. Dabei handelt es sich um eine mit Bluthochdruck, Eiweiß im Urin oder Wassereinlagerungen verbundene Erkrankung der Schwangeren. Auch starke Kopfschmerzen und Übelkeit, Sehstörungen oder Schmerzen in Bauch- und Rippengegend sowie zuckende Muskeln können Symptome sein.

Die Ursachen davon sind bis heute nicht vollkommen klar. Eine Autoimmunreaktion auf die Schwangerschaft könnte der Grund sein oder der Grad, inwieweit sich die Plazenta in der Gebärmutterschleimhaut einnistet. Zwar können auch die genetischen Anlagen eine Rolle spielen, dass die werdende Mama darunter leidet, häufig tritt eine solche Vergiftung aber ohne bekannte familiäre Vorerkrankungen auf. Das Risiko einer solchen Erkrankung ist höher bei älteren Frauen (ab 35 Jahre), Übergewichtigen oder Frauen, die Mehrlinge erwarten. Außerdem können Vorerkrankungen wie Bluthochdruck und Diabetes für eine erhöhte Anfälligkeit sorgen.

Die Behandlung ist abhängig vom Ausmaß der Erkrankung. Kann bei einer leichten Form schon Bettruhe helfen, wird weiterhin auch eine Kombination aus verschiedenen Mitteln verabreicht, um die Thrombose-Gefahr zu verringern. Wichtig für Mama und Kind ist eine protein-, kalorienreiche und salzhaltige Ernährung sowie eine ausreichende Flüssigkeitszufuhr.

Nur im Falle einer Mangelentwicklung des Kindes oder bei der sogenannten

Krampfbereitschaft muss schnell gehandelt und ein Notkaiserschnitt angesetzt werden. Unbehandelt kann sich daraus das im Folgenden erklärte HELLP-Syndrom entwickeln.

HELLP-Syndrom

Bei einer gefährlichen Schwangerschaftserkrankung handelt es sich um das HELLP-Syndrom. Dieses kann während einer Blutuntersuchung festgestellt werden, aber auch nach der Geburt auftreten. Hinweise darauf sind, dass die roten Blutkörperchen zerstört werden (Hämolyse). Zudem liegen erhöhte Leberwerte (Elevated Liver enzymes) und eine geringe Anzahl an Blutplättchen, Thrombozyten, (Low Platelets) vor.

Eine solche hypertensive Schwangerschaftserkrankung (mit erhöhtem Blutdruck auftretend) wird von den gleichen Symptomen wie denen der Schwangerschaftsvergiftung begleitet: Neben Bluthochdruck, Eiweiß im Urin oder Wassereinlagerungen (Ödeme) deuten auch Kopfschmerzen, Sehstörungen, Übelkeit und Erbrechen sowie Schmerzen im rechten Oberbauch auf die Diagnose hin. In einem solchen Fall muss daher unbedingt ein Arzt oder die Hebamme aufgesucht werden. Diese Erkrankung kann bei fehlender Diagnose lebensbedrohlich werden – sowohl für die Mama als auch für das Kind.

Auch wenn sich ein Verlauf und damit die Ausbreitung dieser Erkrankung kaum vorhersagen lässt, ist ein Krankenhausaufenthalt mit einer intensiven Überwachung unabdingbar. Denn bei einer solchen Komplikation müssen das mögliche Organversagen – und damit der Tod der Mama – mit den Überlebenschancen einer Frühgeburt des Kindes gegeneinander abgewogen werden. Die einzige erfolgreiche Behandlung kann durch die Geburtseinleitung herbeigeführt werden.

Nur dadurch, dass die Plazenta vollständig abgelöst wird, können beide Leben gerettet werden. In der Regel erholt sich die Mama davon innerhalb von zwei Tagen und somit stehen die

Chancen einer gesunden Mama mit Kind gut – vorausgesetzt das dann geborene Kind ist weit genug entwickelt beziehungsweise stark genug, um sich ins Leben zu kämpfen.

Hyperemesis gravidarum

Hyperemesis oder Emesis gravidarum bedeutet nicht unterdrückbares Erbrechen weit über das erste Trimester hinaus. Es ist eine extreme Form der Übelkeit, die zu Gewichtsverlust und Dehydration führen kann. Aber auch zu Elektrolytstörungen und ansteigenden Blutsäuren. Durch das ständige Übergeben verliert die betroffene Frau nicht nur wichtige Vitamine, Fette, Mineralstoffe und Zucker, sondern ist auch müde und schwach. Neben schwindenden körperlichen Kräften bedeutet das vor allem eine starke psychische Belastung. Diagnostiziert wird diese Erkrankung über das Ausschlussverfahren. Erst wenn alle möglichen anderen Krankheiten ausgeschlossen sind, erfolgt die Diagnose und Behandlung auf Hyperemesis gravidarum.

Je nach Ausprägung werden ärztliche Maßnahmen ergriffen. Es gilt, das Erbrechen zu vermeiden und leere oder stark geschrumpfte Speicher wieder aufzufüllen. Bei dieser Erkrankung in seiner leichtesten Form genügt oftmals eine Ernährungsumstellung. So kann es helfen, Scharfes, Fettes, Saures, Süßes und starke Gerüche zu vermeiden und kleine Mahlzeiten über den Tag zu verteilen. Aber auch auf die Komplementärmedizin oder alternative Ergänzungen zur Therapie wird zurückgegriffen.

Die medikamentöse Behandlung erfolgt durch die verantwortliche Gynäkologin oder den Gynäkologen. Eine stationäre Behandlung in einer Klinik ist nur dann nötig, wenn ein stark ausgeprägter Mangel bei der Frau in Form von Infusionen ausgeglichen werden oder sonstige Maßnahmen zur Genesung ergriffen werden müssen.

Blutgruppenunverträglichkeit

Eine solche Unverträglichkeit, auch Rhesusunverträglichkeit genannt, kann in der Schwangerschaft zwischen Mama und Kind auftreten. Dies ist dann der Fall, wenn die roten Blutkörperchen (Erythrozyten) des Babys Merkmale aufweisen, die nicht bei der Mama vorliegen. Die erblich vorbestimmten Blutgruppeneigenschaften sind hinsichtlich des Rhesus-Merkmals nicht miteinander kompatibel.

So weist das Kind die Blutgruppe Rhesus-positiv auf, während die Mama Rhesus-negativ ist. Nur diese Konstellation ist problematisch, da so von dem Immunsystem der werdenden Mama Antikörper gebildet werden. Diese Reaktion kann bei unmittelbarem Kontakt auftreten, also wenn das Blut des Babys und das der Mama miteinander in Berührung kommen. Dazu kann es entweder bei der Geburt (ob Fehlgeburt oder Totgeburt), bei einem Schwangerschaftsabbruch oder bei einer sogenannten Eileiterschwangerschaft kommen. Des Weiteren kann auch eine Fruchtwasseruntersuchung oder eine vorzeitig abgelöste Plazenta zu dieser Komplikation führen. Wahrscheinlicher ist demnach, dass erst in der darauffolgenden Schwangerschaft dieses Problem auftritt. Nichtsdestotrotz werden bei einem Papa mit positivem Rhesus- Faktor entsprechende Vorsichtsmaßnahmen getroffen. Wenngleich die Blutgruppe des Kindes erst nach der Geburt bestimmt werden kann, wird von dem Fall ausgegangen, dass es Rhesus-positiv ist. In diesem Zusammenhang wird in der Vorsorgeuntersuchung zunächst der Rhesusfaktor der werdenden Mama bestimmt und daraufhin Antikörpersuchtests veranlasst. Ist die Frau Rhesus-negativ, so wird ihr sowohl im letzten Trimester als auch unmittelbar nach Entbindung ein Medikament verabreicht. Dies sorgt dafür, dass eventuell damit vermischte Rhesus-positive Blutkörperchen des Babys im Blut der Mama zerstört werden. Ziel ist es, sämtliche fremden

Blutkörperchen zuvernichten,bevorsievondemmütterlichenImmunsystem wahrgenommen und abgewehrt werden. Die präventive Behandlung

wird auch als Rhesus-Prophylaxe bezeichnet.

Blutungen

Diese bei rund 25 % aller Schwangeren auftretenden Blutungen können harmlos sein, sind aber unbedingt zu beobachten. Ärztlicher Rat sollte in Anspruch genommen werden, egal zu welchem Zeitpunkt eine Blutung auftritt. Denn es wird zwischen einer solchen Komplikation in der Frühschwangerschaft und einer in der Spätschwangerschaft unterschieden. Frühzeitig einsetzende Blutungen werden auch als Schmierblutung bezeichnet und können entweder bei der Einnistung des befruchteten Eis in der Gebärmutter oder aufgrund der Umstellung der Hormone erfolgen. Auch Kontaktblutungen, durch leichte Verletzungen ausgelöste Blutungen (zum Beispiel bei einer gynäkologischen Untersuchung oder aber auch beim Sex), gehören mitunter zu den Ursachen.

Plötzliches Bluten kann immer auch ein Hinweis auf schwerwiegendere Komplikationen oder sogar eine

Fehlgeburt sein. Deshalb sollte der Frauenarzt oder die Frauenärztin umgehend kontaktiert werden. Das gilt ebenso für später auftretende Blutungen, bei denen zwischen harmlosen Defekten und Verletzungen oder aber problematischeren Ursachen unterschieden wird. So könnten mit dem Austritt von Blut (sogenanntem Zeichnen, bei dem sich der Gebärmutterhals erweitert und der Schleimpfropf abgeht) vorzeitige Wehen und damit eine Frühgeburt ausgelöst werden. Auch im Hinblick auf Plazentakomplikationen kann es zum Blutverlust kommen. Wenn sich diese beispielsweise zu früh ablöst oder zu tief liegt, kann damit sowohl eine Gefährdung der Mama als auch des Babys einhergehen. Sofern sich die Frau nicht schon in ärztlicher Behandlung befindet, sollte eine Blutung immer mit einem Arzt oder einer Ärztin abgeklärt werden. Bei starkem Blutverlust ist selbstredend direkt die Notaufnahme eines Krankenhauses aufzusuchen.

Fehlgeburt

Bei Fehlgeburten oder auch Aborten wird zwischen frühen (bis zur einschließlich 12. Schwangerschaftswoche) und späten Aborten unterschieden. Nistet sich die befruchtete Eizelle gar nicht erst ein oder stirbt sie ab, kommt es zu einer frühzeitigen Fehlgeburt. Dies wird von der Frau häufig nicht bemerkt. Zu einer späten Fehlgeburt zählt nicht nur eine Abort zwischen der 13. und der 22. bis 24. Woche, sondern auch ein totgeborenes Baby.

Fehlgeburten äußern sich häufig durch Blutungen oder aber Verkrampfungen im Unterbauch (ähnlich der möglicherweise bekannten Regelschmerzen). Es kann jedoch ebenso vorkommen, dass keine Schmerzen oder Blutverlust damit einhergehen. Die Produktion von Schwangerschaftshormonen stoppt allerdings. Das bedeutet, dass Begleiterscheinungen wie Übelkeit am Morgen oder das Spannen in der Brust ablassen. Die finale Diagnose erteilt der Arzt durch den Ultraschall oder bei einer ähnlichen Untersuchung wie der Vorsorgeuntersuchung.

Es empfiehlt sich, nur nicht aufzugeben nach einem solchen tragischen Erlebnis. Gerade frühe Fehlgeburten kommen viel häufiger vor als den meisten Männern und Frauen bekannt ist (zwischen 10 und 20 Prozent). Es wird geraten, bewusst Abschied zu nehmen und neuem Leben eine Chance zu geben. Dabei gilt es, mögliche Ursachen zu bekämpfen. Handelt es sich um äußerliche

Faktoren wie Ernährung und Alkohol- oder Nikotinabstinenz, so lassen sich diese vermeiden. Möglicherweise hilft es auch, beim Sex während der Schwangerschaft ein Kondom zu benutzen, um den Muttermund mit austretendem Ejakulat nicht weiter zu reizen.

Handelt es sich um Ursachen wie erblich bedingte Störungen, Fehlbildungen oder sonstige Störungen (zum Beispiel hormonell bedingte Ursachen, Stoffwechselstörungen oder Probleme hinsichtlich der Gebärmutter) können verschiedene Therapien hilfreich sein. Der behandelnde Arzt oder die behandelnde Ärztin wird in jedem Fall unterstützend zur Seite stehen und helfen, eine gesunde Schwangerschaft herbeizuführen. Solltet ihr also eine

Fehlgeburt erleben: Nehmt euch so viel Zeit, wie ihr braucht. Wenn aber der Kinderwunsch da ist und der richtige Moment gekommen ist, versucht es weiter und gebt neuem Leben eine Chance!

Während der Schwangerschaft ist die Frau nicht nur für sich selbst verantwortlich, sondern gleichzeitig auch für das in ihr wachsende Leben. Dementsprechend gibt es im Hinblick auf die Ernährung einiges zu beachten. Man(n) könnte meinen, die Schwangerschaft sorgt dafür, dass die Frau plötzlich viel mehr zu sich nimmt oder nehmen muss.

Zu Beginn sind jedoch keine zusätzlichen Kalorien nötig. Vielmehr geht es darum, essenzielle Vitamine und Mineralstoffe zu sich zu nehmen. Am besten esst ihr gemeinsam und achtet auf nährstoffreiche und ausgewogene Mahlzeiten. Hindere die Schwangere daran, dass sie beispielsweise ausschließlich saure Gurken mit Nutella abwechselt. Neben vielfältigem Essen könntest auch du für Abwechselung sorgen und ein ganz bewusst ausgewähltes und ausgewogenes Gericht für sie zubereiten. Die Menge wird sich erst zum Ende der Schwangerschaft geringfügig erhöhen, mach dir darüber keine Gedanken. Bei der Essensplanung empfiehlt es sich, folgende Lebensmittel einzubauen:

Besonders wichtig sind Folsäure, Jod und Eisen für die werdende Mutter. Empfohlen wird daher – in Absprache mit der Gynäkologin

oder dem Gynäkologen – auf bestimmte Nahrungsergänzungsmittel zurückzugreifen.

So eignet sich zum Beispiel Femibion, das Folsäure und weitere wichtige Nährstoffe liefert. Ebenfalls sollte auf die Einnahme von ausreichend Jod über die gesamte Schwangerschaft hinweg geachtet werden. Viele eisenhaltige Lebensmittel reichen zumeist aus, um Mama und Kind zu versorgen. Aber natürlich sollte auch hier – falls nötig – mit zusätzlichen Mitteln nachgeholfen werden.

Was ist mit alternativen Ernährungsformen? Wie wirkt sich beispielsweise eine vegetarische Ernährung auf die Schwangerschaft aus? Gegen eine solche Ernährungsform spricht nichts dagegen. Allerdings sollte dann der Eisenwert noch genauer beobachtet werden.

Verzichtet die Frau oder ihr beide neben Fleisch auch auf Fisch, so wird die zusätzliche Einnahme von langkettigen Omega-3- Fettsäuren als Ergänzungsmittel empfohlen. Lediglich von einer veganen Ernährung wird abgeraten.

Grundsätzlich gilt: Ob vegan, vegetarisch oder Sonstiges, die Ernährung sollte immer mit dem behandelnden Arzt oder der behandelnden Ärztin abgesprochen werden.

Im Rahmen der Ernährungsumstellung gibt es zudem Produkte, die eine Frau – und damit wahrscheinlich auch du, wenn du Frustration oder Diskussionen beim Essen vermeiden möchtest – nicht zu sich nehmen sollten. Zu diesen für Schwangere ungeeignete Lebensmittel gehören

Falls du also in der Küche den Kochlöffel schwingst, behalte das im Hinterkopf. Recherchiere zunächst gut, bevor du ihr Lieblingsessen zubereitest, das sie gegebenenfalls nicht verzehren kann!

Wenn du die werdende Mama nicht gerade mit einer sorgsam zubereiteten Mahlzeit verwöhnst, wäre da noch das alternative Verwöhnprogramm im Schlafzimmer. Darüber machst du dir sicher schon Gedanken: Wie beeinflusst die Schwangerschaft euer Sexleben?

Entwarnung: Dass die Frau schwanger ist, bedeutet keineswegs, dass Sex ausgeschlossen ist oder euer Sexleben darunter leiden muss. Solange von ärztlicher Seite kein Verbot ausgesprochen wird oder sonstige Komplikationen dagegensprechen, ist Sex ausdrücklich erlaubt. Das Baby ist durch Gebärmutter und Fruchtwasser ausreichend geschützt. Ihr schadet dem Ungeborenen damit nicht. Je nach Lust und Laune könnt und sollt ihr beide euch gern intensiv Zeit für euch nehmen. Wie war das noch? Auf die Frau(en), fertig, los? Selbstverständlich solltest du dich dabei auf deine schwangere Frau konzentrieren – sofern ihr beide diesbezüglich keine abweichenden Absprachen getroffen habt.

Voraussetzung für sämtliche zwischenmenschliche Aktivitäten während der Schwangerschaft ist natürlich immer, dass ihr beide Lust habt. Es mag sein, dass die weibliche Libido anfänglich weniger stark ausgeprägt ist. Neben körperlichen Begleiterscheinungen geht der Frau mitunter sehr viel durch den Kopf. Denn nicht nur ihr Körper, sondern auch ihr Umfeld verändert sich. Du hoffentlich nicht! Es kann auch sein, dass Lust sehr schnell zu Frust wird – das liegt im Zweifelsfall nicht unbedingt an dir, sondern ist hormonell bedingt. In der Regel legt sich dieses Gefühlschaos aber nach einiger Zeit und ihr könnt die gemeinsamen Stunden der Zweisamkeit wieder genießen. Spätestens mit dem zweiten Trimester, in der es der Frau bekanntlich besser geht, steht einem erfüllten Sexleben nichts mehr im Wege.

Die Schwangerschaft kann in dieser Hinsicht sogar besonders reizvoll sein. Neben rosig strahlender Haut können vollere Brüste und die gesteigerte weibliche Lust dafür sorgen, dass ihr beide den Sex besonders genießt. Viele Frauen sind durch die Schwangerschaftshormone leichter erregbar und empfindlicher an den Brustwarzen. Auch die damit verbesserte Gleitfähigkeit in der Scheide kann dafür sorgen, dass ihr den besten Sex seit Langem erlebt. Zumindest Frauen empfinden ihn während der Schwangerschaft als intensiver. Und davon kannst du als Mann ja nur profitieren, oder etwa nicht?!

Mach dir keine Sorgen, dass Sex vorzeitige Wehen auslöst. Dazu kann es höchstens unmittelbar vor der bevorstehenden Geburt kommen.

In diesem Zusammenhang ist aber hinzuzufügen, dass sich viele Frauen zu diesem Zeitpunkt nicht mehr fit und wendig genug dafür fühlen.

Sei also so gut und nimm darauf Rücksicht – es ist ja nicht von langer Dauer. Nachdem das Baby auf der Welt ist, vergeht ungefähr ein Zeitraum von sechs Wochen, bis Sex wieder möglich ist – sofern ihr nicht von schreiendem oder Aufmerksamkeit verlangendem Nachwuchs davon abgehalten werdet.

Achtet allerdings darauf, zu verhüten, wenn nicht gleich ein Bruder oder eine Schwester gewünscht ist.

Als Harmony-Tests werden Blutuntersuchungen von schwangeren Frauen bezeichnet, mithilfe derer Chromosomenabweichung wie beispielsweise das Down-Syndrom, identifiziert werden können.

Dabei handelt es sich um eine nicht-invasive diagnostische Methode, die anhand einer Blutprobe durchgeführt wird. Nachdem der werdenden Mama Blut abgenommen wurde, untersucht das zuständige Labor die kindliche DNA. Mittels eines solchen Tests lassen sich innerhalb von drei Werktagen folgende Trisomien feststellen:

Trisomie 21 (Down-Syndrom)

Bei dieser Chromosomenstörung liegen bei dem Ungeborenen drei Exemplare (statt zwei) des Chromosoms mit der Nummer 21 vor. Die Auswirkungen davon sind individuell, allerdings beeinflusst das überschüssige Chromosom sowohl die körperliche als auch die geistige Entwicklung des Kindes.

Charakteristisch sind neben körperlichen Merkmalen, wie zum Beispiel Kleinwüchsigkeit, eine abweichende

Kopfform und schräg zueinanderstehende Augen auch weitere Spätfolgen wie Hör- und Sehstörungen, Autismus oder Ähnliches.

Fest steht, dass eine zielgerichtete individuelle Förderung des Kindes von Beginn an notwendig sein wird. Es handelt sich eben um einen besonderen Menschen.

Trisomie 18

Bei Trisomie 18 liegt das entsprechende Chromosom 18 – oder ein Teil davon – dreifach vor. Dieses überschüssige genetische Erbgut sorgt bereits im Mutterleib für die Fehlbildung diverser Organe. Das führt dazu, dass damit geborene Kinder meistens bereits kurz nach der Geburt sterben, sofern das Kind ausgetragen wird. Besonders in

einem höheren Alter der Mama besteht die Gefahr einer solchen schwerwiegenden Erbkrankheit.

Trisomie 13

Diese Form der Trisomie (ein überflüssiges 13. Chromosom) wird auch als Pätau-Syndrom bezeichnet. Diese schwere Fehlbildungen ganzer Organsysteme verursachende Erbkrankheit kann nicht geheilt werden. Lediglich eine begleitende Behandlung ist möglich, die dem Baby die bestmögliche Lebensqualität verschafft.

Die Therapie hängt von dem Ausmaß der genetischen Krankheit und demzufolge der Anzahl der Fehlbildungen ab. Aufgrund solcher Aussichten und einer hohen Sterblichkeit wird in einem solchen Fall seitens des behandelnden Arztes oder der Ärztin die Grenze der Behandlungen mit den Eltern abgesprochen – auf gewisse Operationen sollte im Interesse des Kindes verzichtet werden. Aber auch Syndrome wie das Turner- oder das Klinefelter-Syndrom können durch Harmony-Tests nachgewiesen werden. In solchen Fällen liegen bei dem Kind abweichende Anzahlen an Geschlechtshormonen vor (bei Ersterem besitzen Mädchen lediglich eins anstatt zwei X-Chromosomen; vom Klinefelter-Syndrom spricht man, wenn Jungen mindestens ein überschüssiges X-Chromosom besitzen).

Ein solcher Test kann erst mit Abschluss der zehnten Schwangerschaftswoche durchgeführt werden. Nach ärztlicher Beratung entschließen sich meistens Frauen beziehungsweise Paare mit erhöhtem Risiko dafür. So zum Beispiel vergleichsweise ältere Frauen (ab einem

Alter von 35 Jahren) oder Schwangere, bei denen das Screening im ersten Trimester Auffälligkeiten gezeigt hat. Frauen, in deren Familie eine Chromosomenanomalie vorliegt, gehören ebenso zur Risikogruppe.

Die Kosten für einen solchen Test variieren je nach Untersuchung (Soll auf Trisomie 21, zusätzlich noch auf Trisomie 18 oder auf alle drei Formen getestet werden?). Da es sich um eine

Individuelle Gesundheitsleistung (IGeL) handelt, ist der Test von der Schwangeren/den werdenden Eltern selbst zu bezahlen. Das kann teuer werden. Informiert euch daher gründlich. Falls ihr euch für eine solche Maßnahme entscheidet, solltet ihr euch außerdem zu diesem Zeitpunkt bereits Gedanken über die Zeit nach dem Ergebnis machen. Was, wenn tatsächlich eine Form der Trisomie diagnostiziert wird? Besprecht gemeinsam, wie ihr mit möglichen Folgen umgeht. Was würde eine festgestellte Chromosomenabweichung für euch/für eure Zukunft bedeuten.

KAPITEL 2

Bürokratie (Anträge/Formalitäten)

Ein Kind bringt nicht nur Verantwortung mit sich, sondern vor allem auch eine Menge Papierkram. Es geht vor allem um die staatliche Unterstützung in Form von Geld, aber auch

um die Beanspruchung von Elternzeit.

Neben diesen Angeboten werden aber auch Thematiken wie die Vaterschaftsanerkennung und das Sorgerecht angesprochen. Gerade da der ein oder andere Gang zur Behörde mitunter anstrengend werden kann, sollen die folgenden Abschnitte möglichst gut darauf vorbereiten und dir/euch einen reibungslosen Ausgang ermöglichen.

Bei der Elternzeit handelt es sich um einen Zeitraum, in dem ein Elternteil in Absprache mit dem Arbeitgeber eine unbezahlte Auszeit von dem Arbeitsverhältnis nimmt. Eine Aufteilung in maximal drei Zeiträume ist möglich. Wie der Name bereits suggeriert, steht diese Zeit beiden Eltern zu. Das bedeutet, dass sowohl du als auch die Mama des Kindes diese bis zu drei Jahre in Anspruch nehmen können – sogar gleichzeitig, wenn das finanziell möglich ist. Denn während der Elternzeit ist eine Erwerbstätigkeit in Teilzeit erlaubt: Ihr könntet also beide bis zu 30 Wochenstunden arbeiten. In den jeweils anderen Stunden könnte sich der andere Part der „Arbeit" zu Hause widmen, dem Kind.

Eine solche Freistellung, die jeder Arbeitgeber genehmigen muss, bezieht sich üblicherweise auf die ersten drei Jahre im Leben des Babys. Diese ist jedem Elternteil in einem abhängigen Arbeitsverhältnis (davon ausgenommen sind demnach unter anderem Geschäftsführer, Selbstständige oder Studierende) inklusive Kündigungsschutz zu gewähren.

Aber auch nach dem dritten, genauer genommen zwischen dem dritten und dem achten Lebensjahr des Kindes, besteht noch Anspruch auf Elternzeit. Voraussetzung ist, dass die euch zustehenden drei Jahre noch nicht aufgebraucht sind. Inzwischen ist es sogar möglich, zwei der drei Jahre in die Zeit ab dem dritten Geburtstag des Nachwuchses zu legen. Überlegt also ganz genau, wie ihr euch diese Zeit aufteilen wollt. Höchstens einen dritten Abschnitt dieser Auszeit könnte der Arbeitgeber verweigern, wenn akute betriebliche Gründe dargelegt werden. Je nach Absprache ist allerdings auch eine Aufteilung auf mehr als drei Abschnitte möglich

– es empfiehlt sich, bei Bedarf gut zu verhandeln.

Wichtig sind bei Beantragung dieser Zeit die Anmeldefristen, da es keinen offiziellen Antrag gibt (Eine unterschriebene an den

Arbeitgeber gerichtete Erklärung reicht aus. Lass dir diese Anmeldung aber in jedem Fall bestätigen.).

Vor dem dritten Geburtstag des Kindes beträgt die Vorlaufzeit sieben Wochen. In diesem Fall müssen bereits der auch als

„Bindungszeitraum" bezeichnete Zeitabschnitt oder die Zeitabschnitte für die folgenden zwei Jahre mitangegeben werden. Tritt das Elternteil in diesen benannten Perioden keine Elternzeit an, so verfällt dieser Anspruch und Elternzeit kann erst wieder nach Ende dieser zwei Jahre beantragt werden.

Willst du von Geburt an in Elternzeit gehen, so ist es für dich als Papa notwendig, diese entsprechend sieben Wochen vor dem errechneten Geburtstermin anzumelden. Zwischen einem Alter von drei und einschließlich sieben Jahren des Kindes, muss die verbleibende Zeit der Freistellung (maximal zwei Jahre) 13 Wochen vorher angemeldet werden. Zwar richten sich diese Seiten an dich als werdenden Papa, aber dennoch sei an dieser Stelle auf eine Besonderheit der mütterlichen Elternzeit hingewiesen. Jeder Mama steht ein einjähriger Mutterschutz zu. Wenn sie also lückenlos von diesem in die Elternzeit übergehen möchte, verkürzt sich die Bindungszeit um diesen Anteil. Folglich ist dann eine Planung bis zu dem Tag, bevor das Kind zwei Jahre alt wird, erforderlich. Erfolgt kein nahtloser Übergang, verändert sich die Bindungsfrist nicht und es gilt die gleiche wie für dich als Vater. Im Übrigen steht dir auch Elternzeit zu, wenn für das zu betreuende Kind noch kein Ergebnis der Vaterschaftsanerkennung vorliegt. Mehr zu diesem Thema folgt im entsprechenden Unterkapitel.

Das Elterngeld ist ein staatliches Angebot, das für den Ausgleich aufgrund eines verminderten Einkommens eines oder beider Elternteile sorgt. Damit sollen Familien dabei unterstützt werden, Familie und Job miteinander zu vereinbaren. Es steht auch Eltern zu, die vor der Geburt des Kindes nicht gearbeitet haben. Abhängig von den persönlichen Umständen variiert der einer Familie zustehende Betrag.

Um euch bei der Entscheidung zu helfen, ob ihr Basiselterngeld oder ElterngeldPlus beantragt, hier einmal die beiden Varianten und das, was sie ausmacht, kurz zusammengefasst:

Basiselterngeld

Es gibt zwölf Monate lang Basiselterngeld. Im Falle einer Beantragung beider Elternteile und des Wegfalls des gesamten Einkommens erhöht sich die Monatsanzahl um zwei weitere Monate

– sogenannte Partnermonate. Bitte beachtet, dass zwei Monate Basiselterngeld mit in das Mutterschaftsgeld während dem Mutterschutz eingerechnet werden. Das heißt, ihr könnt danach nur noch zehn Monate Basiselterngeld nehmen und ihr müsst die ersten beiden Monate als Basiselterngeld angeben.

Der Betrag der Frau ergibt sich anhand des Durchschnittseinkommens der letzten zwölf Monate vor Beginn des Mutterschutzes, dem sogenannten "Bemessungszeitraum". Wenn du als Vater Elterngeld beantragst, gilt das letzte Jahr vor der Geburt exklusive des Geburtsmonats. Je nach Einkommensgrenze wird 65 oder 67 Prozent dieses Einkommens als finanzielle Unterstützung gezahlt. Die Grenze des Prozentsatzes liegt bei 1.200 Euro durchschnittlichen Einkommens. Eltern mit einem Einkommen unterhalb der 1.000er-Grenze steht ein Prozentsatz von bis zu 100 Prozent zu. Die Beträge des Basiselterngelds siedeln sich je

nachdem also in einem Bereich von monatlich 300 bis 1.800 Euro an.

ElterngeldPlus

Ein Monat Basiselterngeld beträgt umgerechnet zwei Monate ElterngeldPlus. Das bringt mit sich, dass bei einer solchen monatliche Auszahlung die Hälfte des Elterngeldbetrags ausgezahlt wird. Auch eine Kombination beider Elterngeldvarianten ist möglich: Ihr könnt jederzeit statt eines Monats Basiselterngeld zwei Monate ElterngeldPlus beziehen. Das Bundesministerium für Familie, Senioren, Frauen und Jugend stellt auf seiner Webseite einen Elterngeld-Rechner zur Verfügung (www.bmfsfj.de). Ausführlichere Informationen können auf der Homepage direkt entnommen werden. Ebenso gibt es kostenlose Broschüren, welche angefordert werden können.

Beantragt wird das Geld bei der zuständigen Elterngeldstelle. Das sind von der jeweiligen Landesregierung ausgewählte Stellen. Dort könnt ihr euch auch entsprechend beraten lassen und die für euch passende Lösung wählen. Kalkuliert also Zeit ein. Außerdem kann euch dort auch beim Ausfüllen des Antrags geholfen werden – das Ausfüllen solcher Formulare kann ja bekanntlich eine Herausforderung sein. Falls ihr euch übrigens doch umentscheidet, was die Form des Elterngelds angeht, keine Panik: Für alle zukünftigen Monate kann der Antrag noch geändert werden, nur eine rückwirkende Anpassung ist nicht möglich.

Eine weitere finanzielle Unterstützung ist das Kindergeld. Damit soll eine grundlegende Versorgung des Kindes gewährleistet werden. Dieses Geld wird einem Elternteil zugesprochen. Es handelt sich dabei um einen monatlichen Betrag von mindestens 219 Euro (Stand 01.01.2021) Bei Geschwistern erhöht sich die Auszahlung wie folgt:

Es handelt sich nicht um eine kurzfristige Auszahlung, sondern steht Eltern bis mindestens zum 18. Geburtstag ihres Kindes zu. Sind die Kinder arbeitslos oder befinden sich in der Ausbildung, kann das Geld entweder bis zum 21. Lebensjahr oder bis zum 25. Lebensjahr mit entsprechendem Nachweis fortgezahlt werden.

Es ist möglich, Kindergeld direkt von Geburt an zu beantragen. Dafür notwendig ist sowohl deine Steueridentifikationsnummer/die Steueridentifikationsnummer der Mama als auch die des Kindes. (Keine Angst, euer Baby erhält diese automatisch per Post wenige Monate nach seiner Geburt). Die für das Kindergeld zuständige Stelle ist die Bundesagentur für Arbeit. Genauer gesagt die dort ansässige Familienkasse. Mittels eines Online-Formulars auf der Webseite der Bundesagentur für Arbeit werden die Daten bereits verschlüsselt übermittelt, bevor der Antrag noch einmal ausgedruckt und postalisch zugestellt werden muss. Dieser muss erst erneuert werden, wenn das Kind volljährig wird oder sich eine Änderung, wie zum Beispiel ein Umzug, ergibt.

Auch wenn eine rückwirkende Zahlung möglich ist, empfiehlt sich daher eine frühzeitige Antragsstellung, damit der Geldfluss nicht

kurzzeitig aussetzt. Der Zeitraum für eine mögliche Rückzahlung beläuft sich auf sechs Monate. Gerade bei dem Neu- oder Erstgeborenen sollte das Kindergeld direkt mit der Geburt des Kindes beantragt werden. Setzt die Beantragung also mit auf die Liste der zu erledigenden Formalitäten.

Danach werden noch einige turbulente Monate auf euch zukommen, in denen so ein Papierkram vielleicht auch untergehen kann. Oder das Baby spuckt drauf oder verteilt Essen auf dem Formular (sofern ihr es in ausgedruckter Form auf dem Küchentisch liegenlasst) – alles denkbar.

Eine Vaterschaftsanerkennung hat dann zu erfolgen, wenn du Papa eines nicht ehelichen Kindes wirst. Das bedeutet, diese öffentliche Beurkundung ist nötig, wenn du und die Mama des Babys nicht verheiratet seid. Du übernimmst für das Kind offiziell Verantwortung und giltst mit erfolgreicher Anerkennung auch rechtlich als Vater. Du bist nicht mehr nur biologisch gesehen der Vater. Vor dem Gesetz giltst du als Vater, wenn du bei der Geburt des Kindes mit seiner Mama verheiratet bist, die Vaterschaft hast anerkennen lassen, das Kind adoptiert hast oder die Vaterschaft gerichtlich festgestellt worden ist.

Voraussetzung für eine Vaterschaftsanerkennung ist, dass es keinen anderen rechtlichen Papa gibt und sämtliche zur Ausstellung erforderliche Zustimmungen gegeben werden. Der ganze Prozess ist zwangsläufig in der Anwesenheit aller Beteiligten, der Mama und dir als Vater, durchzuführen. Für das Kind kümmert ihr euch während dieses Amtsganges am besten um einen Babysitter. Es ist aber auch möglich, die Vaterschaft bereits vor der Geburt anzuerkennen. Dafür gibt es zahlreiche Möglichkeiten und zuständige Stellen. Du beziehungsweise ihr könnt euch an jedes Amtsgericht, an einen Notar oder eine Notarin, aber auch an das örtliche Standesamt werden. Ebenso bietet sich das Jugendamt vor Ort bietet dafür an. Dabei ist aber zu beachten, ob ihr in einem Stadt- oder Landkreis wohnt. Bei Ersterem müsst ihr euch an die Stadtverwaltung wenden, ansonsten an das Landratsamt. Beim Jugend- oder Standesamt ist der Vorgang kostenlos. Beim Gang zu einem Notar oder zum Amtsgericht fallen Kosten an.

Alles was für die Anerkennung nötig ist, findest du in der folgenden Übersicht:

Falls weitere Zustimmungserklärungen nötig sind, in etwa, weil ein Elternteil minderjährig ist, bedarf es zusätzlich eines Ausweisdokuments des gesetzlichen Vertreters, einer beglaubigten Kopie der Zustimmungserklärung und gegebenenfalls eines Nachweises über die Position der gesetzlichen Vertretung.

Eine Vaterschaftsanerkennung kannst du nur rückgängig machen, falls diese innerhalb eines Jahres nach der offiziellen Erklärung noch keine Wirksamkeit erlangt hat. So etwas kommt in der Regel nur vor, wenn die Mama der Anerkennung nicht zustimmt.

In diesem Zuge kommt dann vielleicht auch die Frage nach dem Sorgerecht auf: Falls du die Vaterschaft anerkennen lassen willst und gleichzeitig eine Sorgerechtserklärung abgeben möchtest, so kannst du beides gleichzeitig bei deinem zuständigen Jugendamt anstoßen.

Um das Sorgerecht des Kindes geht es näher im nachfolgenden Abschnitt.

Das Sorgerecht beinhaltet nicht nur das Recht, für das Wohl deines Kindes und sein Vermögen zu sorgen. Damit einher geht ebenso die Pflicht und die Zuständigkeit, das Kind gesetzlich zu vertreten. Grundsätzlich haben beide Elternteile das Recht und die Pflicht, sich um das gemeinsame Kind zu kümmern. Darunter fallen drei Bereiche:

Bist du mit der Mama des Kindes verheiratet, steht euch beiden automatisch das Sorgerecht für das gemeinsame Kind zu. Ist das nicht der Fall, ist eine entsprechende Erklärung notwendig (beim Notar/bei einer Notarin oder beim zuständigen Jugendamt). Voraussetzung ist eine offiziell anerkannte Vaterschaft, weswegen es sich gegebenenfalls empfiehlt, beides in einem Schritt anzugehen. Oder doch heiraten – so manch einer würde das als das kleinere Übel sehen... Auch im Falle einer Trennung teilst du dir weiterhin das Sorgerecht mit der Mutter des Kindes. Denn dessen Wohl steht im Vordergrund und das Kind hat nicht nur das Recht auf zwei Elternteile, sondern braucht auch beide im Hinblick auf eine gesunde Entwicklung.

Bei der Vaterschaftsanerkennung wurde dieses wichtige Dokument bereits angesprochen: die Geburtsurkunde. Damit wird offiziell die Geburt eures Kindes festgestellt. Sie wird manchmal auch Geburtsschein bezeichnet und beinhaltet folgende Angaben: Vorname, Familienname, Geschlecht, Geburtsort und die rechtlich geltenden Eltern.

Innerhalb der ersten sieben Tage, nachdem das Baby das Licht der Welt erblickt hat, erfolgt die Anmeldung der Geburt des Kindes. Meistens gibt es einen entsprechenden Vordruck, eine formlose Anmeldung ist aber auch möglich. Eure Aufgabe als Eltern besteht zu diesem Zeitpunkt lediglich in der Ergänzung des Namens. Außerdem muss die Unterschrift von euch beiden vorliegen.

Für die Ausstellung der Geburtsurkunde sind im Anschluss die folgenden Dokumente und Unterlagen erforderlich:

Die Ausstellung kann je nach Standesamt variieren, kostet für gewöhnlich zwischen 10 und 15 Euro. Zusätzlich kann für den gleichen Preis auch die Abschrift aus dem Geburtsregister oder eine internationale Geburtsurkunde beantragt werden (oftmals wird ein Mengenrabatt angeboten).

Inzwischen ist es auch möglich, diesen Behördengang in einigen Bundesländern zu vermeiden und die Beantragung online abzuwickeln – mit der Online-Ausweisfunktion des Personalausweises. Es lohnt sich, dass ihr euch gegebenenfalls

über diese Möglichkeit informiert. Je mehr Gänge zur Behörde vermieden werden können, umso besser. Und desto mehr Zeit habt ihr, um euch dem Nachwuchs zu widmen.

Ja, auch so ein kleiner Mensch muss bereits versichert werden. Jedoch nicht von Geburt an, da das Neugeborene automatisch in den Versicherungsschutz der mütterlichen Krankenkasse mit aufgenommen wird. Alle medizinisch notwendigen Kosten rund um die Geburt (von der Vorsorge über den Kaiserschnitt bis hin zu den anfallenden Kosten pro Krankenhaustag). Es gibt aber Kosten, die davon nicht abgedeckt werden. Dazu gehört zum Beispiel der Bezug eines Einzel- oder Familienzimmers. Hier müsst ihr anteilig selbst zahlen. Informiert euch diesbezüglich bei eurem Versicherungsunternehmen – der garantierte Leistungsumfang kann je nach dem variieren.

Bei der Frage, wie das Baby versichert wird, muss differenziert werden:

Gesetzlich versicherte Eltern

Sind du und deine Frau gesetzlich krankenversichert, bietet sich in der Regel die Familienversicherung an. Darin ist das Baby kostenfrei mitversichert. Dazu ist es lediglich notwendig, die betroffene Krankenkasse zu informieren. Denn es ist egal, welches Elternteil das Kind mit in die Versicherung aufnimmt, sofern nicht eh schon eine gemeinsame Versicherung besteht.

Privat versicherte Eltern/privat versichertes Elternteil

Ist mindestens ein Elternteil privat versichert, besteht nicht die Möglichkeit der Familienversicherung. Es ist notwendig, eine separate Versicherung für den Sprössling abzuschließen – daran führt kein Weg vorbei.

Dementsprechend muss die Geburt des Kindes frühestmöglich (binnen zwei Monaten) bei dem Versicherungsunternehmen angegeben werden.

Bei einer Krankenversicherung bei der gleichen Versicherung wie der eines Elternteils fallen weder eine Gesundheitsprüfung noch eine Wartezeit für das Baby an.

Macht euch nicht zu spät über die Krankenversicherung für euren Nachwuchs Gedanken. Denn wenn ihr eine Aufnahme in die Versicherung ohne Gesundheitsprüfung anstrebt, muss die versicherte Person bereits drei Monate bei dem entsprechenden Versicherungsunternehmen versichert sein (gesetzlich oder privat Versicherte). Falls ihr also für euch und euer Kind die optimale Krankenversicherung finden und von den besten Leistungen profitieren wollt, lohnt sich eine frühzeitige Auseinandersetzung damit.

So ist es möglich, dass du oder die Mama des Kindes noch den Tarif oder die Versicherung wechselst, ohne dass es zu Problemen, Wartezeit oder Mehrkosten führt. Vergleicht Angebote und lasst euch persönlich beraten. Das ist zwar ein Punkt mehr auf der Liste der Geburtsvorbereitungen, aber sehr wichtig – schließlich willst du/wollt ihr ja sicher nur das Beste für euren Nachwuchs. Eine gute Krankenversicherung ist unerlässlich.

Die richtige Steuerklasse spielt nicht nur allgemein, sondern auch hinsichtlich des Elterngelds eine große Rolle. Denn mit einem vorzeitigen Wechsel der Steuerklasse fällt das um einige Euro höher aus. Ihr könnt als werdende Eltern auf den staatlichen Zuschuss für euer Kind Einfluss nehmen – ganz legal. Das gilt allerdings nur, wenn ihr verheiratet seid. Grund dafür ist der, dass Eheleute die Wahl zwischen verschiedenen Steuerklassen haben. Da die Steuerklasse das Nettogehalt beeinflusst, das wiederum als Ausgangsbasis für die Elterngeldberechnung dient, ist folgender Schritt ratsam: Der Elternteil, welcher nach der Geburt Elterngeld beantragt, sollte einen Wechsel in die für ihn oder sie günstigste Steuerklasse beantragen. Es ist möglich, die Steuerklasse mehrmals zu wechseln – eine Beschränkung gibt es inzwischen nicht mehr. Ein Steuerklassenwechsel ist zwar mit etwas Aufwand und einer Anfrage beim Finanzamt verbunden, lohnt sich aber. Denn so kann sich das Elterngeld monatlich um mehrere 100 Euro erhöhen.

Konkret bedeutet das: Wenn bei euch die häufig vorkommende Kombination der Steuerklassen III (meistens der Ehemann) und V (Ehefrau) vorliegt, überdenkt diese im Hinblick auf die bevorstehende Geburt. Im besagten

Fall solltet ihr euch Gedanken darüber machen, ob die werdende Mama ebenfalls in deine Klasse wechselt. Zwar würde das weniger Nettogehalt im Vorfeld der Geburt mit sich bringen, dieser Nachteil kann aber mit der Steuererklärung ausgeglichen werden.

Lohnt sich der Wechsel, führt diesen frühzeitig durch – am besten unmittelbar nach dem positiven Schwangerschaftstest. Falls ihr nämlich von dem erhöhten Elterngeld profitieren wollt, ist ein Zeitraum von mindestens sieben Monaten vor Mutterschutzbeginn erforderlich. So lange muss die Frau dieser für sie günstigen Steuerklasse geringstenfalls angehören. Es ist im Übrigen auch kein

Problem, den Steuerklassenwechsel direkt nach der Beantragung des Elterngeldes wieder rückgängig zu machen. Denn das wird nur einmalig berechnet. Danach erfolgt die Auszahlung unabhängig von der möglicherweise aktualisierten Steuerklasse.

Steuern sind zwar oft ein leidiges und nur schwer durchschaubares Thema, aber wie du siehst, lohnt sich eine Auseinandersetzung damit. Informiert euch daher am besten über eure Möglichkeiten, bevor ihr euch wertvolle Unterstützung entgehen lasst beziehungsweise finanzielle Vorteile nicht in Anspruch nehmt. Gegebenenfalls lohnt es sich auch, einen Steuerberater zu Rate zu ziehen. Mit den richtigen Tipps und Tricks könnt ihr bestimmt noch mehr rausholen.

Neben der Krankenversicherung für den Nachwuchs empfiehlt es sich ebenfalls, einige weitere Versicherungen abzuschließen. Denn wie schnell ist es passiert, dass das Kleine für den ein oder anderen Schaden sorgt, obwohl es doch nur spielen oder zu Mama oder Papa möchte? Hier geht es aber nicht primär um die Versicherung für das Kind, sondern auch um ratsame Versicherungen, die das Leben mit Kind vereinfachen oder in einem solchen Alltag unbedingt dazugehören. Zwar sind Versicherungen fast immer präventive Maßnahmen und jeder hofft, dass sie nicht greifen müssen, doch gehören sie zum Leben einfach dazu.

Lest euch am besten selbst ein bisschen ein und entscheidet euch für den besten Tarif für das Leben mit Baby. Die folgenden Versicherungen (zuzüglich der Krankenversicherung) sind zu empfehlen:

Private Haftpflichtversicherung

Dadurch erfolgt die Übernahme von jeglichen durch das Kind verursachten Schäden. Bis zum siebten Lebensjahr haften nach Abschluss nicht einmal die Eltern, sofern sie ihrer Aufsichtspflicht nachgekommen sind. Hat ein Elternteil eine solche Versicherung abgeschlossen, ist der gesamte Haushalt mitversichert und das Kind bis zur abgeschlossenen Ausbildung/Studium. Dabei empfiehlt sich eine höchstmögliche Versicherungssumme.

Berufsunfähigkeitsversicherung

Gerade im Hinblick auf die eigene kleine Familie lohnt sich eine solche Unfähigkeitsversicherung. Die sorgt dafür, dass im Krankheitsfall weiterhin Gehalt gezahlt wird und somit die Familie finanziell weiterhin gut dasteht. Die Auszahlungssumme sollte bis zu

¾ des Nettogehalts umfassen und beinhalten, dass keine erneute Prüfung der Gesundheit stattfinden muss, falls Nachwuchs kommt

oder eine Beförderung eines Elternteils stattfindet. Das Kind sollte unbedingt auch mit Beginn der Berufsausbildung versichert werden.

Risikolebensversicherung

Eine solche Versicherung kann vor allem das Leben des Kindes und aller Hinterbliebenen verbessern, falls ein Familienmitglied (schlimmstenfalls der Hauptverdienende der Familie) verstirbt. Dadurch kommt der zurückgebliebenen Familie eine mit dem Versicherten festgesetzte Summe zu. Die Höhe davon ist zwar individuell zu wählen, sollte sich aber mindestens an dem Vierfachen des Jahreseinkommens der Versicherten orientieren.

Invaliditätsversicherung

Dabei handelt es sich um eine speziell für das Kind abgeschlossene Versicherung. Im Gegensatz zur Unfallversicherung sind damit nämlich auch schwerwiegende krankheitsbedingte Schäden abgedeckt. So werden bei einem verletzten Kind oder einem Kind mit Behinderung von dieser Versicherung auch lebenslange Behandlungskosten gezahlt. Abhängig von den Leistungen wäre in letzterem Fall eventuell auch eine einmalige Zahlung inkludiert, mit der beispielsweise ein Haus behindertengerecht gestaltet werden kann.

Im Hinblick auf die Familienvorsorge können auch Versicherungen wie eine Hausrats-, eine Rechtsschutzversicherung oder die Riester-Rente sinnvoll sein. Setzt euch damit rechtzeitig auseinander. Lasst euch aus Angst um die Familie oder besonders um das Neugeborene aber nicht zu sehr verunsichern. Und vor allem: Lasst euch nicht aufgrund von Unsicherheit oder Unwissenheit zu überflüssigen Versicherungen und Angeboten überreden. Der ein oder andere Versicherungshai wird das sicher ausnutzen wollen. Greift daher auf den Versicherungsberater eures Vertrauens zurück. Auch der Austausch mit anderen Eltern oder aber ein Gespräch darüber mit den eigenen (Schwieger-)Eltern

könnte hilfreich sein. Letztendlich entscheidet aber ihr allein, welche Versicherung ihr abschließt und welche nicht.

Wenn ihr euch eingehend damit beschäftigt und die nötigen Entscheidungen getroffen habt, seid ihr definitiv auf dem richtigen Weg. Letzten Endes kann man(n) eh nie alles wissen und richtig vorhersagen. Mit einer gewissen Grundlage jedoch sollte das Leben mit Nachwuchs zumindest dahingehend nicht weiter verkompliziert werden. Kompliziert wird es sicher noch früh genug. Bereitet euch daher entsprechend vor und genießt die gemeinsame Zeit.

KAPITEL 3

Vorbereitung auf den Nachwuchs

Jetzt wird es praktisch! In diesem Kapitel folgen viele nützliche Listen, die dir helfen werden und dich auf das Papasein vorbereiten. Die einzelnen Punkte sind so aufbereitet, dass du direkt zum Stift greifen und sie bei erfolgreicher Umsetzung abhaken kannst.

Die hier angegebenen Mengenangaben dienen einer ersten Orientierung. Natürlich ist es kein Problem, ein oder zwei Bodys mehr zu besitzen. Erinnert euch aber daran, dass euer Sprössling andauernd wächst und dement-sprechend recht schnell wieder aus den Kleidern rauswächst.

Sommerbaby

Dünnere Strampler (10)

Kurzärmlige Bodys (10)

Langärmlige Bodys (10)

Dünne Jacken/Westen aus Strick, Pullover (5 bis 6) Jeweils ca. 3 Paare dünne und dickere Socken

Dünnere Strumpfhosen (2 bis 3) Dünne Mütze

Sonnenhut Pyjamas (5)

Sommerschlafsack Dünne Fäustlinge Jacke

Winterbaby

Strampler (10)

Langärmlige Bodys und Oberteile (10)

Dicke Jacken aus Strick, wärmende Pullover (3 bis 4) Ein Paar dünnere und 3 Paar dicke Socken

Dickere Strumpfhosen (2 bis 3)

Eine dünnere und eine dicke Mütze

Warme Schlafanzüge/einteiliger Schlafanzug (5) Winterschlafsack

Fäustlinge und Handschuhe

Dicke Jacke

Dickeres Halstuch Overall/Schneeanzug

Babyfon

Nachtlicht oder -lampe

Babybett (Gitterbett) inklusive Matratze Spannbettlaken zum Wechseln

Himmelstange (um ein Himmelbett für das Baby herzurichten) Krabbeldecke

Wickelkommode und Auflage Wärmelampe

Windeleimer

Spieluhr/Mobile

Regale (für die Aufbewahrung von Pflegeartikeln)

Weitere Aufbewahrungssysteme und Schränke (für Spielzeug und Kleidung)

Bequeme Sitzgelegenheit für Mama und Papa

Ein Laufstall oder ein Stubenwagen beziehungsweise eine Wiege befinden sich nicht auf der Liste, weil sie oftmals im Wohnzimmer Platz finden.

Ob ihr euch für einen Laufstall, eine Wiege oder einen Stubenwagen entscheidet, bleibt euch überlassen.

CHECKLISTE: BADEUTENSILIEN

Kleine Wanne mit Wanneneinlage (wenn gewünscht) oder Badeeimer

Rutschfeste Badematte Badethermometer Waschlappen

Watte und Öl für Hautfalten und schwer erreichbare Stellen am Babykörper

Kleiner/weicher Schwamm Haarwäsche-Becher

Seife, Shampoo und Duschbad (möglichst pH-neutral und unparfümiert)

Badespielzeug (Entchen, Eimer, Spritztiere & Co.) Badehandtuch mit Kapuze und/oder Bademantel

Fön (nicht zu heiß oder zu nah/lang auf empfindliche Stellen richten)

CHECKLISTE: TRANSPORT

(KINDERWAGEN, BABYSCHALE, TRAGE)

Unterwegs mit dem Kinderwagen:

Regenschutz Sonnenschutz Fußsack

Extra Babydecke

Fortbewegung zu Fuß:

Tragetuch

Babytragehilfe

Für die Autofahrt:

Installation eines Rücksitzspiegels im Auto Babyschale oder Reboarder

Unabhängig davon, wie und wo ihr mit dem Nachwuchs unterwegs seid, empfiehlt es sich immer folgende Dinge dabeizuhaben beziehungsweise einzupacken:

Wickeltasche inklusive Unterlage (Windeln, Feuchttücher, Wundcreme)

Wechselwäsche (Body, Strumpfhosen oder Socken, Hose, Oberteil)

Schnuller

Stilltuch und Stilleinlagen

Fläschchen beziehungsweise Thermoflasche sowie Pre-Nahrung (falls das Baby von der Mama nicht gestillt wird)

Taschentücher

Snacks (zum Beispiel Zwieback oder für Babys geeignete Kekse) Desinfektionsspray oder -tücher

CHECKLISTE: HAUSAPOTHEKE BABY

Fieberthermometer

Pflaster in diversen Größen – am besten (bunte) Kinderpflaster Desinfektionsspray für Schürfwunden

Mullbinden inklusive Verbandsschere Fieberzäpfchen oder Zäpfchen gegen Schmerzen

(Paracetamol nur nach ärztlicher Anordnung; empfohlen wird es ab dem dritten Lebensmonat)

Baby-Nasentropfen Wund- und Heilsalbe

Kirschkernkissen oder Wärmflasche Zinksalbe (für wunde Stellen am Po) Zahnungsgel

Sonnenschutz mit hohem Lichtschutzfaktor

Bei Bedarf Pinzette für die Dosierung vom Arzt verordneter Medikamente

Abgelaufene Medikamente solltest du direkt entsorgen und bei dem Einsatz von Medikamenten stets den Beipackzettel lesen.

Achte außerdem darauf, dass euer Baby immer baby- oder kindgerechte Medikamente verabreicht bekommt. Alters- oder Mengenangaben dürfen keinesfalls ignoriert werden. Legt euch sicherheitshalber sämtliche Notfallnummer daneben. Nummern, wie die der Feuerwehr, des ärztlichen Notdienstes, der Polizei und der des Tox-Zentrums sollten immer griffbereit sein, falls sie in Stresssituationen nicht im Kopf ist.

CHECKLISTE: HAUS KINDERSICHER MACHEN

Steckdoseneinsätze oder Kinderschutz für Steckdosen einbauen Mit Kabelbinder und Nagelschellen Kabel befestigen oder diese

verbergen

Ecken- und Kantenschützer an sämtliche Möbel anbringen anbringen und bevorzugt die hinteren Herdplatten verwenden

Gefährliche Lebensmittel und Flüssigkeiten außer Reichweite stellen (Medikamente, Reinigungsmittel, Öle, (flüssige) Hygieneartikel, Zigaretten, Tabak, Alkohol)

Türstopper zwischen jegliche Türen platzieren beziehungsweise Klemmschutz anbringen und/oder bestimmte Türen abschließen

Schubladen mit Kindersicherung versehen

Kleine/verschluckbare Gegenstände wegräumen/aussortieren (ebenso Tüten oder andere Gegenstände, durch die Erstickungsgefahr droht)

(schwere) Gegenstände immer möglichst an der Wand oder dort platzieren, wo sie nicht herunterfallen können

Spitze oder scharfkantige Gegenstände verbergen Elektrische Geräte immer ausstecken

Flachbildschirme und freistehende Lautsprecher sichern Wackelige Möbel oder Lampen an der Wand oder mithilfe von

anderem Mobiliar fixieren

Teppiche mit Rutschsicherungen versehen Türschutzgitter an der Treppe anbringen Toilettendeckel mit eingebautem Dämpfer installieren

Glastische oder Mobiliar mit großen Glasanteilen vermeiden oder verstecken; bei Glastüren n verwenden

HerabhängendeGegenstände(Deko,Mobiles,Kordelnvon

Gardinen) entfernen oder höher hängen Giftige Pflanzen außer Reichweite platzieren

C H E C K L I S T E : K L I N I K TA S C H E (PA PA , M A M A , B A B Y)

Mama

Nachthemden (weite, vorne aufknöpfbare Hemden – mindestens zwei)

Bademantel, eventuell eigene(n) Waschlappen und Handtuch bequemeUnterwäsche(ältere,kochfesteSlip-soder

Wegwerfhöschen und Baumwollunterwäsche für nach der Geburt) Still-BHs, Stilleinlagen

Hausschuhe oder Flip-Flops, (wärmende) Socken

Körperpflegeartikel (Hygienebinden, Bodylotion, Lippenbalsam, Haargummis/-bürste, alles für die Zahnpflege, eventuell Ohrstöpsel, sonstige kosmetische Artikel wie Duschgel, Shampoo, Deo und Gesichtscreme, Brille bei Bedarf)

Beutel für schmutzige Wäsche

Bequeme Kleidung (Jogginghose, T-Shirts, Pullover)

Handy inklusive Ladegerät, gegebenenfalls iPod, MP3-Player fürs Musikhören

Unterlagen (Mutterpass, Krankenversicherungskarte, Personalausweis, EC-Karte)

Notizbuch plus Kugelschreiber, Adressbuch mit Telefonnummern Lieblingskissen, Fotos oder andere Gegenstände zum

Entspannen (Buch) (Klein-)Geld

Papa

Snacks (Müsliriegel, Nüsse, Kekse, Traubenzucker...) Handy inklusive Ladegerät/Powerbank Gegebenenfalls Kamera inklusive Ladegerät

Wechselkleidung und Körperpflegeartikel für das Übernachten im Familienzimmer

Baby

Langärmlige Strampelanzüge

Socken, Handschuhe und eine Mütze Bequeme Kleidung

Windeln Feuchttücher Babyschale.

KAPITEL 4

Was es sonst noch zu erledigen gilt

Du denkst, du beziehungsweise ihr seid schon gut auf das Leben mit Baby vorbereitet? Fast. Denn um die konkrete Geburt eures Nachwuchses und alles, was dazu gehört,

geht es in diesem Kapitel.

HEBAMME FINDEN

Im Rahmen der Geburtsvorbereitung spielst nicht nur du als enger Vertrauter eine wichtige Rolle, sondern noch mindestens eine weitere Person: die Hebamme. Für viele Frauen wird auch sie zur Bezugsperson.

Während die Frau medizinisch durch die behandelnde Gynäkologin oder den Gynäkologen versorgt wird, dient die Hebamme als vertraute Ansprechpartnerin und Ratgeberin. Eine solche Schwangerschaftsbegleitung hat in der Regel einen persönlichen Bezug zur werdenden Mama und gegebenenfalls auch zum Partner. Sie steht für kurzfristige Fragen oder Seelsorge zur Verfügung. Für viele Frauen übernimmt sie eine Schlüsselposition im Hinblick auf die Geburtsvorbereitung. Falls sich irgendwelche Fragen, aber auch Ängste und Sorgen bezüglich des Babys ergeben, ist sie für euch oder die baldige Mama da.

Die Hebamme übernimmt aber nicht nur während der Schwangerschaft eine wichtige Funktion – sofern dies überhaupt gewünscht ist. Wenngleich die meisten Schwangeren sich eine solche Betreuung wünschen, ist es auch möglich, erst im Anschluss an die Geburt darauf zurückzugreifen. (Vor allem) auch nach der Entbindung wird die Geburtshelferin Teil eures Lebens. Sie begleitet besonders Mama und Kind. So kommen von ihr unter anderem Tipps für den Alltag, Hilfe beim Stillen oder Unterstützung in anderer Form. Sie überwacht zudem die kindliche Entwicklung und beobachtet, ob sich die Gebärmutter gesund zurückbildet. Natürlich versteht sich von selbst, dass es für diese Aufgabe eine fürsorgliche Person benötigt. Es ist wichtig, dass sich die werdende Mutter gut mit ihr versteht und sich ihr anvertraut.

Dementsprechend ist die frühzeitige Suche nach einer Hebamme unerlässlich. So etwas kann auch schon mal dauern. Das liegt vor allem an der hohen Nachfrage. Seid ihr zu spät dran, hat die

Hebamme eurer Wahl keine Kapazitäten mehr für den Zeitraum des errechneten Entbindungstermins eures Babys. Beginnt mit der Suche also schon unmittelbar nach dem positiven Ergebnis des Schwangerschaftstests, spätestens aber nach der gynäkologischen Bestätigung.

Zwischen der werdenden Mama und der Hebamme muss es einfach harmonieren. Überlass der Frau die Entscheidung. Denn für sie wird die Hebamme auch noch in den stressigen Wochen nach der Geburt die erste Ansprechpartnerin sein. Natürlich fließt auch ihre Nähe zu eurem Wohnort in die Entscheidung mit ein. Es ist ratsam, eine Hebamme zu engagieren, die in relativ kurzer Zeit zu erreichen ist. Beziehungsweise eine mobile Unterstützung, die sich innerhalb kurzer Zeit auf den Weg zu euch machen kann.

Falls ihr euch bei der Suche nicht auf einen Tipp aus der Familie oder dem Bekanntenkreis verlassen wollt, gibt es verschiedene Anlaufstellen. Neben der einfachen Google-Suche empfiehlt es sich, nach Hebammenverzeichnissen oder Hebammenpraxen zu recherchieren. Auch das Finden einer solchen Babyexpertin per Krankenkasse, Frauenarzt, Apotheke oder durch das Anfragen von Geburtshäusern ist nicht unüblich. In manchen Städten gibt es eine offizielle Hebammenliste oder alternativ bietet sich ebenso das Telefonbuch dafür an. Wie du siehst, gibt es viele Möglichkeiten. Ihr müsst euch nur rechtzeitig an die Arbeit machen und die passende Hebamme finden.

KRANKENHAUS AUSWÄHLEN

In welchem Kreißsaal soll entbunden werden? Neben der Wahl der richtigen Hebamme spielt auch die des Krankenhauses eine große Rolle. Auch fließt oftmals die Lage oder der behandelnde Arzt in die Entscheidung mit ein. Klärt also unbedingt, ob in dem Krankenhaus der behandelnde Arzt oder die behandelnde Ärztin entbindet.

Nicht selten geht es auch um den Wohlfühlfaktor oder möglicherweise eine direkt angeschlossene

Kinderklinik oder Kinderintensivstation.VieleKrankenh äuserbieten Kreißsaalbesichtigungen an. Bei der können vorab alle erdenklichen Fragen gestellt werden und ihr als baldige Eltern euch schon einmal umschauen. Macht euch am besten bereits im zweiten Trimester auf den Weg dorthin.

In diesem Zusammenhang nicht zu unterschätzen ist die Parkplatzsituation. Ein spezielles Parkangebot für Patienten, die auf den Weg in den Kreißsaal sind, kann schon ein sehr großes Plus sein. Denn unabhängig davon, wie gut und ruhig du Auto fährst – und im wahrscheinlichsten Fall wirst du ja hinter dem Steuer sitzen – kann die Parkplatzsuche mit einer von Wehen geplagten Frau sehr nervenaufreibend (gelinde ausgedrückt) werden. Davon, dass es auch ganz schnell gehen könnte und eine Geburt im Auto zu passieren droht, mal ganz abgesehen.

Nun aber zu den inneren Werten. Neben einem angenehmen Geburtssaal ist auch dessen Ausstattung essenziell. Ist das Bett für die Geburt verstellbar und groß genug? Falls der Wunsch einer Wassergeburt besteht, wäre eine solche möglich? Gibt es Gebärhocker oder Gymnastikbälle, die die Geburt erleichtern können?

Wenngleich bestimmt weder die werdende Mama noch du genau absehen könnt, was letztendlich alles benötigt wird, ist eine große Auswahl wichtig. Entscheidet euch also für ein Krankenhaus mit entsprechend vielfältiger Ausstattung – gegebenenfalls auch,

was Schmerzmittel angeht. Es empfiehlt sich je nach den Vorstellungen der Frau, vorher die Einstellung der Klinik dazu einzuholen. Ihr werdet es zudem sicher zu schätzen wissen, wenn es spezielle Familienzimmer gibt, in denen du ebenfalls übernachten kannst. Vielleicht genügt euch aber auch schon eine unkomplizierte Übernachtungsregelung für den frischgebackenen Papa.

Entscheidend ist im Endeffekt, ob ihr – vor allem aber die werdende Mama – ein gutes Gefühl bei der Krankenhauswahl habt/hat. Überlass ihr am besten auch hier das letzte Wort bei dieser Entscheidung. Sobald diese gefallen ist, wird eine Anmeldung zur Entbindung notwendig (etwa mit der 30. Schwangerschaftswoche). Zwar würde euch im Zweifelsfall kein Krankenhaus abweisen, wenn die Wehen bereits eingesetzt haben, aber stressfreier ist es allemal. Das bedeutet nämlich auch, dass bereits alle nötigen Unterlagen vor Ort sind und wichtige Punkte angesprochen beziehungsweise notiert wurden. Darunter fallen nicht nur Allergien der werdenden Mama, sondern auch der in Frage kommende Geburtsmodus und wie gut zum Beispiel Narkosen vertragen werden. Ein solches Aussuchen ist zwar mit weiteren Terminen und Pflichten verbunden, aber absolut zu empfehlen.

WIE STELLT SICH DIE FRAU DIE GEBURT VOR?

Im Zweifelsfall ist die Geburt für die Frau ebenso neu und unbekannt wie für dich. Ganz sicher aber hat sie ihre Vorstellungen. Haben Frauen das nicht immer? Je offener ihr diesbezüglich miteinander kommuniziert, desto besser. Es geht hier um die Ansichten der Frau, sei es hinsichtlich der Verabreichung von Medikamenten und der Art der Geburt.

Damit einher geht nicht nur die Absprache, welche Rolle du während der Geburt einnimmst, sondern auch der Notfallplan. Für den Fall, dass die Gebärende nicht mehr ansprechbar ist oder aber sie nicht mehr klar denken kann, solltest du vorbereitet sein. Gegebenenfalls musst du das Ruder in die Hand nehmen!

Damit das nicht schiefgeht, ist die Kommunikation zwischen euch beiden im Vorfeld der Geburt extrem wichtig. Hör dir an, was sie zu sagen hat und mach dir am besten Notizen – jeder weiß ja, dass so ein Redeschwall sehr ausladend und lang sein kann. Dem ein oder anderen ist vielleicht sogar mit dem Handy oder einem Aufnahmegerät gedient. Für den unwahrscheinlichen Fall, dass du die Kontrolle über das Gespräch hast, kannst du ja auch eine Art Interview daraus machen. Folgende Fragen gilt es unbedingt zu klären:

Versucht alle erdenklichen Situationen und Möglichkeiten durchzuspielen. Denn gegebenenfalls musst du unter extremen Druck die ein oder andere Entscheidung treffen und das Sprachrohr von Mama und Kind sein. Nicht nur die werdende Mama, sondern auch du können nach einem solchen Gespräch (wenigstens etwas) entspannter die Geburt angehen. Niemand muss Angst haben, dass eine spontane oder nicht besprochene Entscheidung getroffen werden muss.

Für den Fall, dass sämtliche Nerven blank liegen, pack doch die wichtigsten niedergeschriebenen Antworten mit in die Kliniktasche. Der Spickzettel ist auch nützlich, falls du dir nicht alles merken kannst. Oder wenn du doch mal wieder nicht ganz so genau zugehört hast …

KAPITEL 5

Die Geburt

Einige damit zusammenhängende Punkte wurden bereits angesprochen. Hier wird noch einmal auf einige wichtige Punkte und Fragen hinsichtlich der Geburt eingegangen,

DIE WEHEN SETZEN EIN

Schleimpfropf

Durch den sich bereits zu Beginn entwickelnden Schleimpfropf wird die Gebärmutter geschützt. Er entsteht im Muttermund und verhindert, dass zum Beispiel Keime dem Ungeborenen oder seiner Mama schaden.

Wenn er mit Blut vermischt ist, deutet das auf sich ablösenden Schleim des Muttermundes hin. Das wird auch unter dem Begriff

„Zeichnen" geführt. Mit Ausscheiden des Pfropfens rückt die Geburt immer näher und es deuten sich baldige Wehen an. Der Abstand dazwischen kann allerdings bis zu zwölf Tage betragen, obgleich es oftmals nur einen Tag vor dem Einsetzen der Wehen passiert.

Solange es noch nicht zum Blasensprung gekommen ist, musst du nichts weiter tun. Es ist aber ratsam, dass ihr euch auf den bevorstehenden Klinikaufenthalt/die Geburt vorbereitet.

Blasensprung

Mit dem Blasensprung zerplatzt die Fruchtblase, in der das Baby bis dato herangewachsen ist. Entweder passiert dieser im oberen Teil der Gebärmutter, was sich durch wenige Tröpfchen bemerkbar macht oder im Muttermundbereich. In diesem Fall fließt weitaus mehr Fruchtwasser ab.

Anders als es uns in vielen Hollywood-Filmen vermittelt wird, ergießt sich das Wasser aber nicht so schlagartig auf den Boden. Weder du noch die werdende Mama müssen also Angst haben, plötzlich in einer großen Pfütze zu stehen. Ein tröpfelnder Verlust des Fruchtwassers ist viel wahrscheinlicher. Mit dem Blasensprung setzen meistens die Geburt einleitenden Wehen ein.

Ihr solltet euch auf den Weg ins Krankenhaus machen. Grund dafür ist vor allem die hohe Infektionsgefahr durch die austretende Flüssigkeit. Falls im Anschluss an den Blasensprung keine Wehen einsetzen, wird die Geburt eingeleitet. Es ist aber auch eine ganz

andere Abfolge vorstellbar. So bleibt bei vielen Frauen die Fruchtblase bis zur völligen Muttermundöffnung bestehen. Wenn die Blase nicht platzt, die Geburt aber nicht länger herausgezögert werden kann, beseht auch die Möglichkeit, die Fruchtblase künstlich zu eröffnen.

Wehen

Von den ersten Wehen bis zur Geburt dauert es oft noch sehr, sehr lange. Das hast du sicher schon gehört. Aber was ist so eine Wehe eigentlich genau? Im Grunde nichts anderes als eine Muskelkontraktion. Die Muskulatur der Gebärmutter zieht sich von oben nach unten zusammen. Dadurch entsteht eine flaschenförmige Öffnung, durch die sich das Baby dann später zwängt. Gleichzeitig wird damit das Kind tiefer ins Becken gedrückt und der Beckenausgang geweitet. Jede Wehe sorgt dafür, dass die Geburt des Kindes ein bisschen näher rückt. Es ist bereit, euch auf die Probe zu stellen und dich in den Papastatus zu erheben!

Es fühlt sich wie eine immer stärker und damit leider auch schmerzhafter werdende Spannung im Bauch an. Sei froh, dass du das nicht ertragen musst. Dabei steigt diese bis zu einem bestimmten Punkt, um dann wieder zurückzugehen. Zu Beginn dauert eine Wehe durchschnittlich eine halbe Minute und tritt in einem viertelstündigen Takt auf. Das intensiviert sich immer mehr, bis sie alle paar Minuten einsetzen und bis zu 60 Sekunden andauern. Die Geburt des Kleinen steht dann unmittelbar bevor. Die dahin führenden Schmerzen sind zwar nur schwer zu beschreiben und schön zu reden. Im Grunde vertritt aber fast jede Frau im Nachhinein die Meinung, dass es diese Prozedur wert war – die Glücksgefühle überwiegen und schmälern die schmerzlichen Empfindungen nachträglich.

Bei Wehen unterscheidet man zwischen folgenden Arten:

Übungswehen oder Braxton-Hicks-Kontraktionen

Bereits während der Schwangerschaft sind diese ersten Wehen zu spüren. Sie können um die 20. bis 25. Schwangerschaftswoche auftreten. Dabei wird der Bauch hart und die Gebärmuttermuskulatur zieht sich für circa 30 bis 60 Sekunden zusammen. Besonders schmerzhaft sind sie nicht und in unregelmäßigen Abständen wiederkommend sind sie ungefährlich. Diese Wehen kommen in der Regel nicht häufiger als drei Mal pro Stunde vor.

Vorwehen

Um die 36. Woche herum beginnt sich der Körper auf die baldige Geburt vorzubereiten. Die damit einhergehenden Wehen sind kein Zeichen dafür, dass die Geburt eingeleitet wird, aber als Vorbote zu betrachten. Dabei wird der Bauch hart und die Gebärmutter sowie das Baby drücken auf die Blase. Diese Wehen kommen unregelmäßig und sind nicht sonderlich schmerzlich.

Senkwehen

Mit Eintreten der Senkwehen bringt sich das Baby in die richtige Geburtsposition. Sie schließen sich meistens an die Vorwehen an und sind um einiges schmerzhafter.

Der Kopf des Babys wird abwärts in Richtung Beckenboden gedrückt. Ein warmes Bad sorgt in einem solchen Fall oft für Linderung. Oder aber in entsprechenden Vorbereitungskursen erlernte Atmungstechniken. Sobald das Kind die richtige Position eingenommen hat, wird es – für die Frau und damit auch für dich – angenehmer.

Frühwehen

Nicht ganz chronologisch sollen an dieser Stelle auch die Frühwehen erläutert werden. Sie können zu jedem Zeitpunkt der Schwangerschaft auftreten. Dadurch könnte sogar die vorzeitige Geburt ausgelöst werden. Frühwehen sind daran erkennbar, dass vor der 36. Woche der Schwangerschaft mehr als drei Wehen in der Stunde auftreten. Sie werden fortwährend stärker und kommen in

immer kleineren Zeitabständen. Auch damit verbundener Ausfluss oder Rückenschmerzen sind ein Indiz. Holt jedenfalls unbedingt ärztlichen Rat ein. Vielleicht ist es nur ein Zeichen, kürzer zu treten, wobei schon Entspannung hilft. In diesem Stadium wird alles dafür getan, dass das Kind längstmöglich im Mutterleib bleibt.

Eröffnungswehen

Mit den Eröffnungswehen wird es ernst. Die Geburt kündigt sich an, die Wehen treten in regelmäßigen Abständen ein.

Die Abstände dazwischen verkürzen sich zunehmend. Im Laufe der Zeit werden die Wehen auch immer intensiver. Sie dauern bis zu 1,5 Minuten an und flachen nach dem erreichten Höhepunkt nur langsam wieder ab.

Presswehen

Presswehen treten dann auf, wenn das Baby in Richtung Öffnung des Geburtskanals gedrückt wird. Der Grund ist, dass die Frau damit gleichzeitig den Drang verspürt, zu pressen. Sobald der Kopf des Kindes den Ausgang der Vagina erreicht hat, folgt der restliche kleine Körper in der Regel problemlos. Nur einige Minuten danach könnt ihr den Nachwuchs in den Armen halten.

Nachwehen

Diese abschließenden Wehen dienen dazu, die Plazenta abzustoßen. Dabei handelt es sich um wesentlich schwächere Wehen als die vor und während der Geburt. Sie dauern in den meisten Fällen bis zu einer Viertelstunde. Im Anschluss daran spürt die Frau noch eine weitere Kontraktion in ihrem Uterus. Dafür verantwortlich ist das Still- und Kuschelhormon Oxytocin, das durch den Saugreflex des Neugeborenen angestoßen wird.

FAHRT INS KRANKENHAUS

Zwar sollte die Kliniktasche für den Fall der Fälle bereits gepackt sein, aber es gibt noch weitere Punkte, die es bei der Fahrt ins Krankenhaus zu beachten gilt. Da niemand genau sagen kann, wann der Zeitpunkt eintritt, ist es wichtig, dass ihr euch darüber vorher Gedanken macht.

Hauptsächlich geht es darum, das Auto entsprechend vorzubereiten und auszustatten. Dazu gehören neben einer Sitzabdeckung oder einem Handtuch für den Fruchtwasserverlust auch Punkte wie ein voller Tank oder je nach Entbindungstermin ein winterfestes Auto. Falls das Auto zum gegebenen Zeitpunkt nicht zur Verfügung steht, ist das Taxi vermutlich die nächste Alternative. Haltet also die Nummer eines Anbieters oder der Taxizentrale bereit. Vergesst außerdem nicht, das Handtuch/die Sitzabdeckung in das für euch fremde Auto mitzunehmen. Bestimmt wäre kein Taxifahrer besonders glücklich, wenn er nach der Fahrt ins Krankenhaus die Sitzpolster reinigen muss – sein Auto ist ja quasi sein Baby. Gesetzlich steht er übrigens in der Pflicht, euch mitzunehmen. Eine schwangere Frau darf er nicht ablehnen. Die einzige Ausnahme besteht dann, wenn die werdende Mama als medizinischer Notfall eingestuft wird. Wenn du oder ihr in einem solchen Fall nicht schon längst den Krankenwagen gerufen habt, wird er das im Zweifelsfall dann tun.

Neben der Nummer des ärztlichen Notdienstes solltet ihr auch sämtliche andere wichtigen Nummern dabeihaben. Zum Beispiel die der Hebamme, die von engen Verwandten oder anderen Personen, die informiert werden sollten.

Falls du dich letzten Endes aber doch selbst hinter das Steuer setzt, prüfe, wenn möglich, ob es auf der Strecke irgendwelche Staus oder Umleitungen gibt. Im Zweifelsfall kennst du die Strecke zur Klinik bereits aus der ersten Besichtigung, aber darüber hinaus?

Der Verkehr zu Stoßzeiten oder eine neue Baustelle könnte dazu führen, dass eine etwas andere Strecke notwendig ist.

Es kann auch sein, dass ihr nicht von zu Hause startet – bereite dich am besten auch auf diesen Fall vor. Wie bereits gesagt, ist die Wahrscheinlichkeit einer überstürzten Geburt und damit einer Geburt auf der Fahrt ins Krankenhaus sehr gering und ihr habt wahrscheinlich genügend Zeit. Besonders für die Geburt des ersten Kindes gilt das. Keine Panik also, es wird schon alles klappen!

WILLST DU BEI DER GEBURT DABEI SEIN?

Im Abschnitt, wie sich die Frau die Geburt vorstellt, war das gar keine Frage. In der Regel setzt die Frau voraus, dass du als Papa bei der Geburt dabei bist. Zumindest wünscht sie sich das bestimmt. Falls du dich aber gar nicht dazu überwinden kannst oder du am Geburtsbett im Kreißsaal in Ohnmacht fällst, wird sie dich bestimmt nicht dazu zwingen. Besprecht also am besten frühzeitig miteinander, wie deine Rolle bei der Geburt aussieht. Natürlich ist deine Anwesenheit keine verpflichtende Entscheidung. Wenn ihr das entsprechend vorher vereinbart, kannst du bestimmt auch den Geburtssaal verlassen, wenn es dir zu viel wird. Es gibt auch einige Frauen, die sich bewusst für eine enge Freundin oder auch die Schwester oder Mama im Kreißsaal entscheiden. Es ist eine individuelle Entscheidung, wer in diesem intimen Moment dabei ist.

Ziemlich wahrscheinlich ist es aber doch, dass du bei der Geburt anwesend bist, oder? Die meisten Männer können es nicht zulassen, die Frau in einer solchen Situation alleinzulassen. Auch wenn du diese Entscheidung vielleicht an dem ein oder anderen Punkt kurz bereuen könntest – der Moment der Geburt und die pure Freude im Raum wird alles ausgleichen! Hinzu kommt, dass dieses Ereignis ein wichtiger Meilenstein in eurer Beziehung sein kann. Besonders, wenn du derjenige bist, der die Nabelschnur durchtrennt. Du wirst dich dadurch nicht nur mit dem Neugeborenen, sondern vor allem auch mit seiner Mama tief verbunden fühlen.

Bei der Entscheidung, ob du bei der Geburt dabei sein willst, gilt es, eine wichtige Frage zu klären: Willst du den Platz am Kopf- oder am Fußende einnehmen? Prinzipiell ist dir diese Entscheidung überlassen. Erfahrungsgemäß bevorzugen die meisten Männer jedoch den Platz am Kopfende des Bettes. Dazu raten auch Hebammen, die wissen, dass die andere Perspektive in der Regel nicht unbedingt empfehlenswert ist. Indem du so fast den gleichen Blickwinkel wie den der werdenden Mama einnimmst, erhascht ihr auch gemeinsam den ersten Blick auf den Nachwuchs. Für den Fall, dass ein absackender Kreislauf droht, bietet sich auch ein Stuhl oder Hocker neben dem Bett an. Vermeide es allerdings, die Zuschauerposition einzunehmen oder während der Entbindung durchgehend Fotos und Videos zu machen. Garantiert möchte die Frau genauso wenig wie du Fotos vom „da unten". Bleib also bei ihr und denk daran, Körperkontakt zu halten.

Bei einer Wassergeburt solltest du übrigens die Badehose einpacken und dich im Krankenhaus darüber informieren, wie eine solche Geburt gehändelt wird. So musst du im Zweifelsfall nicht nackt in die Gebärwanne steigen. Es kommt zwar auf deine Bereitschaft an, inwieweit du involviert bist, aber es ist ratsam, vorher alles abzuklären. So kannst du dich auf alle Eventualitäten vorbereiten und musst im Geburtssaal keinen Striptease hinlegen.

GEBURTSABLAUF

Für die meisten Frauen sind die Wehen der Startschuss der Geburt. Für andere das plötzlich austretende Fruchtwasser, das den baldigen Blasensprung ankündigt. Bei regelmäßigen Wehen im 10- minütigen Abstand geht es dann ins Krankenhaus. Dann solltest du zur im besten Fall längst gepackten und bereitgestellten Tasche für die Klinik greifen.

Alles ins Auto packen und los gehts. In der Regel bleibt genug Zeit, so ins Krankenhaus zu fahren. Wenn du aber selbst zu gestresst und/oder nervös bist, dann rufe lieber ein Taxi oder den Krankenwagen. Falls du in all der Hektik einen Unfall baust oder auch in Panik verfällst, ist niemandem geholfen.

Angekommen im Krankenhaus der Wahl (hat sich der spezielle Parkplatz bewährt?), geht es direkt in den Kreißsaal. Auch dieser Weg kann ohne großen Stress eingeschlagen werden – es ist nicht zu befürchten, dass das Baby noch im Laufen herausplumpst. Das musst du gegebenenfalls auch der werdenden Mama klarmachen.

Zwar weiß auch sie das eigentlich, aber in so einer Ausnahmesituation kann der Verstand schon einmal aussetzen. Zur weiteren Beruhigung ist in der Regel aber auch die Hebamme da. Alsbald wird geprüft, wie weit sich der Muttermund bereits geöffnet hat. Außerdem werden anhand einer CTG (Kardiotokografie) die Wehen überprüft und der Herzschlag des Ungeborenen abgehört. Falls keine Ungewöhnlichkeiten feststellbar sind, kann erst einmal Entwarnung gegeben werden und Ruhe einkehren – so weit das eben geht.

Wird dabei jedoch festgestellt, dass das Baby gerade schläft, ist es mit der Ruhe vorbei. Das Baby wird geweckt. Hilft das Bauchrütteln und -schütteln nicht, wird im Extremfall auch zu härteren Maßnahmen gegriffen: Mit einem Löffel auf eine

Nierenschale klappern beispielsweise – das ist echt laut und damit ein effektiver Wecker für das Baby sowie alle anderen im Raum.

Bis es ernst wird, kann es einige Stunden dauern. Es könnte fast ein bisschen Langeweile aufkommen. Dein Job ist es mitunter, etwas dagegen zu unternehmen. Währenddessen bietet es sich auch an, sich in Ruhe im Kreißsaal einzurichten. Hilf der werdenden Mama dabei, die Kliniktasche auszupacken und alle Sachen so zu verstauen, dass sie erreichbar sind. Sie muss genau so wissen, wo alles ist, wie du auch. Ihr hilft es, eine gewisse Kontrolle zu bewahren. Dir hilft es, wenn sie ganz dringend etwas davon benötigt und du springen musst. Was auch ratsam ist: Macht euch gemeinsam mit der Umgebung vertraut (und bring sie dazu, vor der Geburt noch zur Toilette zu gehen). In der Regel könnt ihr euch im Geburtssaal frei bewegen. Gehe all ihren Wünschen nach. Hoffentlich hast du an den Notfall-Müsliriegel gedacht?! Vielleicht ist aber auch eine Massage von dir genau das, was sie in dem Moment braucht. Nimm sie in den Arm, wiege sie im Arm hin und her. Gib ihr Halt und das auch wortwörtlich, wenn sie aufgrund einer Wehe in die Hocke gehen muss. Falls ihr aber nicht nach einer Berührung ist, dann akzeptiere auch das.

Wenn die Entbindung dann kurz bevorsteht, wird es darum gehen, die individuelle richtige Gebärposition zu finden. Steh auch da – je nach dem – unterstützend zur Seite oder halte dich im Hintergrund. Du erhältst sicher je nach Situation auch Hilfe und Ratschläge von der Hebamme. Manchmal reicht es schon aus, wenn der werdende Papa einfach da ist. Gib der baldigen Mama in jedem Fall das Gefühl, dass du alles aushalten kannst und sie sich für nichts schämen muss.

Vielleicht kannst du dir aber auch Tipps und Ratschläge aus dem Geburtsvorbereitungskurs in Erinnerung rufen. Weißt du noch, wie du schnaufend wie eine Dampflok im Kurs gesessen hast und dir lächerlich vorkamst? Fakt ist, die richtige Atmung kann vieles erleichtern. Aber auch der Positionswechsel oder das Abtupfen der

Stirn mit einem feuchten Tuch kann genau das Richtige sein. Hier kommt es nicht nur auf dein Einfühlungsvermögen an, sondern auch auf die spezifischen Umstände bei der Geburt.

Letztendlich wird die Geburt nicht länger als 24 Stunden dauern

– deutlich kürzer noch, wenn ein Kaiserschnitt durchgeführt wird (eine Stunde). Wobei auch diese zeitliche Angabe nicht bedeutet, dassdieWehensolangebeziehungsweiseununterbrochen andauern. Wenn die Wehen dann aber stärker werden und die Frau von Schmerzen gequält wird, versuche, ruhig zu blieben. Nimm ihre Hand – auch wenn sie von all dem Drücken schmerzt – und lass dich nicht davon verunsichern, dass sie dich anschreit. Auch für dich wird die Entbindung kein Zuckerschlecken – der angenehmere Teil war für euch beide sicher der, bei dem ihr das Kind gezeugt habt. Aber wer A sagt, muss auch B sagen, oder wie heißt das so schön?!

Rede ihr gut zu. Überschütte sie aber nicht mit Mitleid! Vielleicht wird die Schwangere dir auch Vorwürfe machen oder sagen, dass du das nicht nachvollziehen kannst. Jeder reagiert da ganz anders. Wichtig aber ist, dass du für sie da bist und ihr das Gefühl gibst, dass alles gut ist oder wird. Spätestens mit der Geburt sieht wieder alles ganz anders aus. Neben euch überströmenden Glücksgefühlen werdet ihr dann sicher auch etwas darüber lachen können. Humor kann aber durchaus auch während der Entbindung helfen. Mach dich nicht über sie lustig, aber versuche, sie abzulenken und zum Lachen zu bringen. Egal was passiert (und wenn es ein reißender Schließmuskel ist und ein kleines oder größeres Malheur passiert – das ist übrigens völlig normal): Behaltet euren Humor!

Um die konkreten Formen der Geburt geht es in den nachfolgenden Abschnitten.

Geplanter Kaiserschnitt (und was er mit sich bringt)

Hinter einem geplanten Kaiserschnitt steckt ein chirurgischer Eingriff, bei dem das Baby aus dem Bauch der

Mama befreit wird. Er wird auch Schnittentbindung oder Sectio genannt.

Durch das Aufschneiden der Bauchdecke sowie der Gebärmutter wird das Kind auf direktem Wege auf die Welt geholt. Dafür wird die Schwangere üblicherweise regional betäubt. Somit ist diese Form der Geburt weitestgehend schmerzfrei. Wund- und Narbenschmerzen treten im Anschluss daran jedoch üblicherweise auf. In der Regel dauert dieser Routineeingriff ungefähr eine Stunde. Die Gründe, sich für einen solchen Kaiserschnitt zu entscheiden, können vielfältig sein. Besteht aber Gefahr für das Baby oder die Mama bei einer vaginalen Geburt, so wird der behandelnde Arzt oder die behandelnde Ärztin zu einem geplanten Kaiserschnitt raten. Für Krankenhäuser hat das auch den Vorteil, dass die Arbeit dort planbarer wird. Anders als bei der natürlichen Geburt ist absehbar, wann das Personal wie eingesetzt wird. Du kannst dabei auch im

OP-Saal sein – mal eine etwas andere Form der Doktorspiele …

In der Regel fällt eine Entscheidung dahingehend zwischen der

32. und der 34. Schwangerschaftswoche im Geburtsplanungsgespräch im Krankenhaus. In dem Rahmen wird auch ein Ultraschall angesetzt, der Muttermund untersucht sowie ein CTG durchgeführt. Spielt die Geburtsposition eine Rolle für den geplanten Kaiserschnitt (bei einer Quer- oder Beckenlage des Kindes), so wird der ganze Vorgang ein paar Wochen später noch einmal wiederholt. Falls sich zu diesem Zeitpunkt etwas geändert hat und dem Wunsch nach einer natürlichen Geburt nachgekommen werden kann, ist das auch kein Problem. Der Termin lässt sich meistens problemlos absagen.

Stell dich nach einem Kaiserschnitt darauf ein, dass die frisch operierte Mama danach zunächst Schmerzen hat. Ibuprofen oder Paracetamol können Abhilfe schaffen Die Kaiserschnittwunde schließt sich zwar schnell, der Heilungsprozess dauert aber etwas länger. Schonung ist angesagt, aber keine strikte Bettruhe – sie darf und soll sich gern etwas bewegen. Dabei beschränkt sich der Radius innerhalb der ersten Tage auf die Krankenhausumgebung. Denn ein Aufenthalt von einigen Tagen nach der Operation wird empfohlen.

Dafür und für die erste Zeit eignen sich hochgeschnittene Slips und bequeme Hosen mit einem Bund, der nicht auf die Narbe drückt. Ebenso wichtig ist es, diese zu pflegen. Vielleicht kannst du es auch übernehmen, entsprechende Salbe einzumassieren. Du wirst auch ihre Tasche tragen müssen oder Dinge aufheben. Denn sie darf nicht schwer heben oder sich bücken. Auch im Auto ist Vorsicht geboten. Die Frau sollte sich nicht selbst hinter das Steuer setzen. Erst wenn sie schmerzfrei ist. Denn auch alltägliche Dinge wie der Sicherheitsgurt können zur Herausforderung werden. Je nachdem kann er für eine schmerzende Wunde sorgen. Achte also darauf, dass sich die frisch gebackene Mama gut erholen kann und bald wieder fit ist. Du und sie, ihr werdet beide eure Kräfte für das Kind brauchen.

Notkaiserschnitt

Ein Notkaiserschnitt wird dann durchgeführt, wenn bei der natürlichen Geburt Komplikationen auftreten. Das bedeutet, dass dieser durchgeführt wird, wenn eine lebensbedrohliche Situation vermieden werden soll oder Mama und Kind sich in einer derartigen befinden. Vorhersehbar ist so ein Fall häufig nicht. Meistens ist dann aber schnelles Handeln erforderlich. In der Regel wird innerhalb von rund 20 Minuten diese Notoperation noch im Kreißsaal durchgeführt. Anders als beim geplanten Kaiserschnitt wird bei der Betäubung dabei nicht zu einer regionalen, sondern zu einer Vollnarkose gegriffen. Grund dafür ist, dass diese schneller wirkt.

Du oder andere Begleitpersonen dürfen bei diesem Eingriff nicht dabei sein. Du wirst den Raum verlassen müssen und vor der Tür abwarten. Dabei nur nicht die Nerven verlieren. Dem Krankenhauspersonal, dem entbindenden Arzt und der Hebamme sind solche Extremsituationen bekannt. Obgleich erhöhtes Verletzungsrisiko besteht, wird ein Notkaiserschnitt bei folgenden Symptomen durchgeführt:

So ein Notkaiserschnitt kann eine traumatische Gefahr für alle Beteiligten sein – dir wird ja auch nicht alle Tage der Bauch aufgeschnitten. Klar sein sollte aber auch, dass ein solcher Eingriff nur zu eurem Besten ist. Danach könnt ihr im besten Fall ein gesundes Kind in den Armen halten. Übertrifft dieses Glück nicht die vorangegangene schwierige Erfahrung, ist es ratsam, Hilfe bei jemandem zu suchen (Hebamme, Psychologe, andere Mütter). Ihr seid damit nicht allein.

Natürliche Geburt (Hilfsmittel)

Die überwiegende Mehrheit tendiert zu einer natürlichen und damit vaginalen Geburt. Die meisten Frauen wünschen sich eine Geburt auf möglichst natürlichem Wege. Nach den vergangenen neun Monaten wollen sie ganz bewusst dabei sein, wenn der Nachwuchs zum ersten Mal das Licht der Welt erblickt. Dafür wird auch ein Dammriss oder Ähnliches in Kauf genommen. Denn es ist ein einmaliges Erlebnis, wenn das eigene Fleisch und Blut geboren wird. Gleichzeitig bringt die natürliche Geburt viele Vorteile für ein gesundes Kind mit sich.

Die dabei auf natürliche Art entstehenden Hormone schützen das Baby nicht nur, sondern fördern zum Beispiel auch seinen Stoffwechsel. Durch den Weg im Geburtskanal wird das Immunsystem mittels der mütterlichen Vaginalflora gestärkt. Nicht zuletzt sorgt das bei der Entbindung ausgeschüttete, auch als Liebeshormon bezeichnete, Oxytocin unmittelbar für die enge

Bindung zwischen der Mama und dem Kind. Schmerzen werden dadurch gelindert. Der Frau hilft das außerdem beim Stillen, da dadurch der Milchfluss angeregt wird. Dazu ist sie auch bedeutend schneller in der Lage, als wenn sie sich zunächst von einer Narkose oder einer lokalen Betäubung erholen muss.

Nie ganz vorhersehbar, aber möglich bei einer natürlichen Geburt sind Verletzungen im Damm- oder Vaginalbereich. So könnte während der Entbindung das Dammgewebe einreißen und ein Dammschnitt nötig werden. Dabei handelt es sich aber um einen geringfügigen Eingriff, dessen Wunde bald wieder abheilt. Eine sehr seltene Folge oder die Konsequenz einer Zangen- oder Saugglockengeburt kann der Scheidenriss sein. Ein solcher Riss wird ebenfalls direkt bei der Geburt genäht und verheilt innerhalb weniger Tage. Um etwaige Komplikationen wie diese vorzubeugen, ist Beckenbodengymnastik schon während der Schwangerschaft essenziell. Diese sind auch hinsichtlich Probleme im Beckenbereich, wie eine Blasenschwäche oder Senkungsbeschwerden im Vorfeld der Entbindung eine Lösung. Gleichzeitig wird das Training der Beckenbodenmuskulatur auch im Anschluss an die Geburt verordnet. Eine „ausgeleierte" Vagina gehört übrigens zu den weit verbreiteten Schwangerschaftsmythen. Durch die Geburt veränderte Merkmale bilden sich in der Regel aber schnell wieder zurück.

Zu treuen Wegbegleitern nach der Geburt werden gegebenenfalls Stillkissen, Sitzkissen und das Babyfell. Das Stillkissen kann zum Beispiel im Rücken der Mama platziert oder dafür genutzt werden, um das Baby während des Stillens abzulegen. Durch die Perlen darin ist es vielseitig formbar und kann ein kuscheliger Wohlfühlort für das Baby werden. Letzteres gilt auch für das Babyfell, das unter dem Rücken des Babys platziert wird. Es kann auch im Stuben- oder Kinderwagen eingesetzt werden. Für die Mama hingegen wird ein spezielles Sitz- oder Ringkissen empfohlen. Dieses ähnelt einem Donut und sorgt mit dem Loch in der Mitte für ein entlastetes Gesäß der Frau. Solche Sitzkissen benötigt die

frische gebackene Mama nur wenige Wochen nach Entbindung – im Gegensatz zu Stillkissen und Babyfell. Wobei auch das bei jeder Frau variieren kann.

Aber was genau kennzeichnet eine natürliche Geburt aus und was wird dazu benötigt? Natürlich ist die Geburt dann, wenn sie von selbst beginnt und aus medizinischer Sicht ohne Komplikationen abläuft. Schmerzmedikamente oder medizinisch nötige Interventionen, um das Kind zu holen, sind dabei jedoch nicht ausgeschlossen.

Das heißt, dass Hilfsmittel bei Bedarf verwendet werden können.

Folgende Gebärpositionen und Hilfsmittel stehen bei einer natürlichen Geburt zur Verfügung:

Rückenlage – Die Schwangere liegt oder sitzt in leicht aufrechter Haltung mit angewinkelten Beinen im Bett. Das Pressen ist dadurch anstrengender, das Atmen schwerer.

Auf der Seite liegend – zur Rückenvenenentlastung; ansonsten ähnlich der Rückenlage.

Auf Händen und Knien/Vierfüßlerstand (gegebenenfalls mit Ball) – Für manche Frauen ist die Positionierung auf den Knien mit senkrecht gestreckten Armen und einem durchgedrückten Rücken die richtige Gebärposition. Die Wirbelsäule wird dabei entlastet.

Wassergeburt – Ein mit circa 38 Grad warmen Wasser gefülltes Wassergeburtsbecken hat den Vorteil, dass das Gewebe weich und somit der mütterliche Damm geschont wird. Die werdende Mama empfindet nicht nur weniger Schmerzen, sie ist auch entspannter.

In der Hocke (gegebenenfalls mit Gebärhocker) – Am besten wird hierbei zusätzlich ein Gebärhocker hinzugezogen, da die Haltung anstrengend werden kann. Sie hat aber den Vorteil, dass das Becken ideal geweitet wird und die Schwerkraft beim Pressen hilft.

Gebärhocker – Dabei handelt es sich um einen mit einer Öffnung versehenen Hocker – die Schwerkraft fördert die Geburt, während sich die Begleitperson dahinter positioniert.

Geburtsball/Pezziball – Dieser Gymnastikball (Plastikball) wird meist am Anfang benutzt. Die Frau sitzt mit gespreizten Beinen darauf, während die Begleitperson sie stützt.

Sprosswand/Geburtsseil – Durch derartige Hilfsmittel kann der Rücken der Frau entlastet werden. Beides kommt oft zum Einsatz in Kombination mit dem Vierfüßlerstand.

Zu den Hilfsmitteln, die auch als Geburtshilfe bezeichnet werden, gehören Geburtszange und Saugglocke. Diese Instrumente kommen zum Einsatz, um das Baby damit sanft herauszuziehen.

Geburtszange – So eine Zange, auch „Salatbesteck aus Edelstahl", hat gebogene Enden, um damit den Kopf des Babys zu greifen. Es gibt diverse Ausführungen solcher Zangen. Das Hilfsmittel heißt nicht umsonst Zange. Sicherlich ähnelt es in gewisser Weise einem Instrument aus deinem Werkzeugkoffer.

Saugglocke/Vakuum-Extraktor – Das ist eine mit einer kleinen Pumpe verbundene Schale inklusive Griff zum Ziehen. Die Schale wird am Kopf des Babys positioniert/angepasst. Ja, diese Saugglocke sieht wie ein Pömpel für eine verstopfte Toilette aus – im Grunde funktioniert das ja auch ganz ähnlich. Sag das aber am

besten nur zu der werdenden Mama, wenn sie diesen Humor teilt. Andernfalls ist der Spruch wohl eher ein Griff ins Klo.

Je nachdem kann die Auswahl des Krankenhauses oder der Hilfsmittel am Geburtsort ebenso variieren wie die Nachfrage der Schwangeren. Es kann sein, dass verschiedene Mittel sich für sie zu unterschiedlichen Momenten richtig anfühlen. Das kommt ganz auf die Frau und die Geburt an.

Offiziell vorbei ist die Geburt übrigens erst, wenn auch die Nachwehen abgeebbt sind und die Plazenta ausgeschieden ist. Die Hebamme kontrolliert diese Nachgeburt und gibt Entwarnung. Danach können Mama und Papa sich ganz dem Neugeborenen widmen. Erschrick übrigens nicht über das möglicherweise blutige, dunkelrote, verknautschte Etwas. Ganz bald und nach einem Waschgang wird es zu dem süßen Baby, das du erwartet hast. Natürlich zum Süßesten überhaupt!

JETZT BIST DU PAPA

Herzlichen Glückwunsch – zu diesem Zeitpunkt werden dir sicher Gratulationen, Glückwünsche und gute Wünsche aus allen Ecken entgegenschlagen. Aber es ist ja auch etwas ganz Besonderes. Du kannst voller Stolz verkünden, dass du Papa bist. Diese Tatsache und das Glücksgefühl kann dir keiner nehmen!

Allerdings ist es nicht so, dass nun alles Wichtige gesagt ist. Mit der Geburt des Babys beginnt ein ganz neuer Zeitabschnitt. Der bringt viele neue Erfahrungen mit sich, aber auch viele neue Fragen. Die folgenden Seiten sollen dir im Anbetracht dessen mit Rat und Tat zur Seite stehen. Denn du erlebst nichts, das nicht jemand anderes schon einmal erlebt hat. Davon kannst du als frisch gebackener Papa nur profitieren.

VOM JUNGEN ZUM MANN

Hast du schon einmal einen so kleinen Zwerg in deinen Händen gehalten? Hast du das dabei in dir aufkommende Gefühl genossen oder eher als fremd empfunden? Egal ob du es bereit schon einmal erlebt hast oder nicht: Sicher wird dich ein besonders intensives Gefühl bei deinem Nachwuchs überkommen. Es ist das schönste Gefühl der Welt, wenngleich eine gewisse Angst dazu gehört.

Als Papa wirst du aber vor allem stolz sein, wenn du auf das Baby (in deinen Armen) herabblickst – vielleicht aber auch schon, wenn es noch im Bauch der Mama ist. Und das kannst du auch sein. Denn das ist das einzigartige Leben, das du geschaffen hast. Manch einer würde dieses Gefühl dem Ur-Instinkt zuschreiben. So wäre auch der Drang zu erklären, deinen Nachwuchs mit aller Kraft zu beschützen und dein Bestes dafür zu geben, dass es ihm oder ihr an nichts fehlt.

Warst du vor ein paar Tagen, Wochen oder Monaten selbst noch irgendwie ein Junge, bist du jetzt ein Mann.

Noch dazu einer mit Verantwortung – du bist Papa! Die Liebe, die du zu deinem Erstgeborenen verspürst, lässt sich gar nicht in Worte fassen oder erklären. Manch einer oder eine beschreibt es als ein alles übertreffendes Gefühl. Das Herz wird vor lauter Liebe so groß, dass die Brust zu platzen droht. Solltest du diese Worte zum Zeitpunkt des Lesens, zu dem du dich noch nicht Papa nennen darfst, zu überschwänglich finden, warte erst einmal ab. Beschreiben lässt sich das einfach nicht, bevor man(n) es nicht erlebt hat.

Und dieses kleine Wesen in deinen Armen wird viel Neues mit sich bringen – neue Aufgaben, aber auch neue Pflichten. Anstatt Fußball und Co. läuft bald Kinderprogramm. Sicher wird dich dein Nachwuchs in die ein oder andere Situation bringen, die dich zunächst überfordert. Da können schon mal Zweifel aufkommen, das ist völlig normal. Aber genauso ist es für gewöhnlich so, dass man(n)

mit seinen Aufgaben wächst. Gemeinsam mit deinem Baby wirst du viel lernen. Da kann es schon mal vorkommen, dass sich das Gefühl eines kaum beschreibbaren Stolzes bei den ersten Schritten direkt mit dem der Angst abwechselt: Was ist, wenn das Kleine hinfällt oder sich verletzt? Solche Momente wird es immer wieder geben. Mit Babys und Kindern wird es nie langweilig. Wichtig ist, dass du Ruhe bewahrst und dein Bestes gibst. Erinnere dich daran, dass du alles in deiner Macht Stehende tust, dass dein Kind in einer sicheren Umgebung heranwächst. Du informierst dich, hast das Haus kindersicher gemacht und nimmst dir Zeit für den Nachwuchs und seine Entwicklung. Solange du das machst, wirst du ein guter Papa sein. Lass nicht zu, dass irgendwelche Bedenken dich davon abhalten. Viele Frauen empfinden es als sehr männlich, wenn du vollen Einsatz mit dem Baby zeigst. Noch ein Grund mehr, dein Bestes zu geben!

WOCHENBETTDEPRESSIONEN

Auch wenn die Mama ein mindestens ebenso stark ausgeprägtes Glücksgefühl empfindet, kann es zu einer Wochenbettdepression kommen. Als Wochenbett wird der Zeitraum von ungefähr sechs bis acht Wochen nach der Geburt bezeichnet, in der sich die Neu-Mama nicht nur körperlich und psychisch erholt, sondern sich vollständig auf ihr Baby und alles, was dazu gehört, konzentriert.

Die ein oder andere Frau erlebt eine kurze depressive Phase bereits während der Schwangerschaft. Bei den meisten setzt eine auch als „Baby Blues" bezeichnete Depression oft nach der Geburt ein. Diese Verstimmung zeichnet sich aus durch Stimmungsschwankungen, Müdigkeit und Erschöpfung. Aber auch Traurigkeit und eine häufige Rastlosigkeit gehören dazu. Das bedeutet nicht, dass keine Freude über den Nachwuchs aufkommt. Die Mehrheit der jungen Mütter erlebt lediglich ein Tief um den dritten Tag nach der Entbindung, in dem sie schlichtweg überfordert sind. Häufig legt sich das wieder nach einigen Stunden oder Tagen. Du brauchst sie nicht zum Psychologen oder Psychiater zu zerren! Versuch, sie in allem zu unterstützen und übernimm auch einmal mehr die Pflege oder Fütterung des kleinen Schreihalses. Hab nicht nur ein Auge auf das Baby, sondern auch auf seine Mama.

Können diese depressiven Symptome deutlich länger beobachtet werden, spricht das dafür, dass eine Wochenbettdepression vorliegt. Dann sollte schleunigst ärztlicher Rat eingeholt werden.

Eine solche Depression wird auch postnatale oder postpartale Depression genannt, da sie ausschließlich nach der Geburt auftritt. In einer solchen Phase kann es vorkommen, dass die Nerven der frisch gebackenen Mama tage- oder wochenlang blank liegen. Stell dich auf eine stimmungslabile Frau ein, die nicht nur ängstlich ist, sondern manchmal auch ohne für dich erkennbaren Grund weint.

Eine Depression ist von außen oft nur schwer nachzuvollziehen. Noch schlimmer als die „normale" weibliche Psyche! Fakt ist: So wie du dir vielleicht deine Gedanken machst und dich Sorgen um das Kind überkommen, ist das auch der Fall bei der Mama. Oftmals geht der Wochenbettdepression die Angst einher, die an eine Mama gestellten Erwartungen nicht zu erfüllen. Aus Angst, den Pflichten und Aufgaben, die sich mit der Mutterschaft ergeben, nicht nachkommen zu können, verfallen sie in eine solche Depression. Keinesfalls ist sie selbst verschuldet. Vielmehr handelt es sich um eine ernsthafte Krankheit mit körperlichen und psychischen Ursachen.

Die gute Nachricht ist, dass eine solche Wochenbettdepression behandelbar ist. Und hier spielst besonders du als ihr Partner eine große Rolle. Neben der Inanspruchnahme von professioneller Hilfe ist nämlich vor allem familiäre Unterstützung wichtig. Während Medikamente der jungen Mama fehlende Energie zurückgeben können, braucht sie vor allem dich zur Entlastung. Sie braucht niemanden, der ihr weitere Vorwürfe macht oder Unverständnis ausstrahlt.

Bewahre auf jeden Fall einen kühlen Kopf – dem ein oder anderen frisch gebackenen Papa tut auch ein kühles Bier gut (das aber am besten dann, wenn Frau und Kind schlafen). Lies ihr jeden Wunsch von den Augen ab und sei der starke Partner an ihrer Seite, den sie braucht. Nun wäre auch Zeit, die Bindung zum Neugeborenen zu vertiefen (siehe auch den nachfolgenden Abschnitt Bindung zum Baby verstärken). Sobald du oder die Mama sich aus dieser depressiven Zeit befreien kann, kannst du dann auch vor ihr als Superpapa glänzen – besitzt du schon ein entsprechendes Cape oder T-Shirt? Sicher kannst du in diesem Aufzug auch während dieser schwierigen Zeit ein Lächeln in ihr Gesicht zaubern! Auch sie wird sich sicher über ein entsprechendes Outfit freuen. Schließlich verdient sie allein schon durch die Geburt den Titel Superwoman, meinst du nicht?

Im Zuge der Behandlung darf außerdem die Aufklärung über die Krankheit nicht vergessen werden. Anlaufstellen wie die Hebamme oder Mütter- oder Selbsthilfegruppen können sich bezahlt machen. An solchen kannst du vielleicht nicht immer selbst teilnehmen, du kannst die überforderte Mama aber auf dem Weg dorthin begleiten oder ihr durch deine Worte deine Unterstützung zeigen. Sie benötigt während dieser Zeit vielleicht ebenso viel Aufmerksamkeit wie das Baby. Damit dir das nicht auch über den Kopf wächst, ist weitere Hilfe ratsam. Auch die Großeltern könnten in diesem Rahmen eine gute Unterstützung sein und Rückhalt bieten. Zudem kann es hilfreich sein, eine Unterstützung in Form von einer Kinderbetreuung oder Haushaltshilfe hinzuzuziehen. Netter Nebeneffekt: So kommst du um lästige Aufgaben im Haushalt herum.

BINDUNG ZUM BABY VERSTÄRKEN

Eine weitere Herausforderung, die mit dem Papasein auf dich zukommt, ist der Beziehungsaufbau zu deinem Kind. Während Mama durch die Schwangerschaft bereits über mehrere Monate hinweg eine innige Bindung zu dem Kind aufbauen konntest, bekommst du erst mit der Geburt die Möglichkeit dazu. Als Bonding wird diese intensive Beziehungsbildung zum Baby auch bezeichnet. Dabei geht es darum, deinem Kind Geborgenheit und Vertrauen zu vermitteln.

Keine so leichte Aufgabe mit dem Vorsprung der Frau und wenn das Kleine weinend auf den Arm der Mama will, oder? Hättest du hingegen das Baby (und nicht nur Essen) im Bauch gehabt, wärst du sicher schon der Held. Jetzt musst du dich ein bisschen mehr anstrengen!

Es ist enorm wichtig, dass du eine gute Beziehung zu deinem Baby aufbaust. Nicht nur deinetwegen, sondern vor allem für eine gesunde Entwicklung des Kindes und eine ausbalancierte Elternschaft. Es ist nachgewiesen, dass Kinder mit einer engen Beziehung zum Papa selbstständiger sind und Kontaktfreudigkeit sowie Ruhe ausstrahlen. Gleichzeitig kann damit auch das Vertrauen der Mama in dich und deine Fähigkeiten im Umgang mit dem Neugeborenen erhöht werden. Indem du Interesse zeigst und dich von Geburt an schon mit der Entwicklung deines Kindes beschäftigst, schaffst du die beste Voraussetzung für eine Gleichberechtigung zwischen euch als Eltern. Auch die im weiteren Verlauf der Jahre folgende Erziehung wird davon profitieren.

Ein kleiner Tipp ist es, mit dem Bonding direkt nach der Entbindung anzufangen. Denn bereits kurz nach der Geburt kristallisieren sich die engen Bezugspersonen des Babys heraus. Jetzt bricht auch deine Zeit an. Lege dir also ebenso dein Kind auf die Brust, so wie du es bei der Mama siehst. Auch bei der ersten

Fütterung – ob beim Stillen oder beim Fläschchen geben – solltest du möglichst dabei sein. Wenn du dann mit dem oder der Kleinen redest und die Händchen oder Füße hältst, kann das ein wichtiger Meilenstein in eurer Beziehung sein. Das Baby wird dich so rasch als Vertrauten wahrnehmen und dir bald aus der Hand fressen.

Mach unbedingt weiter und spring zum Beispiel in den Momenten ein, in denen die Mama zu müde oder erschöpft ist – davon wird es den ein oder anderen geben, sei gewiss. Dann kannst du glänzen und das Baby wickeln, waschen oder mit ihm kuscheln und spielen. Beschäftige dich mit deinem Nachwuchs und versuche zu erkennen, was er möchte und braucht. Körperkontakt und Reden sind dabei unverzichtbar. Je erfolgreicher du darin bist, desto positiver wirkt sich das auch auf den Alltag – inklusive Sexleben mit seiner Mama–

und die gesamte Familiensituation aus. Mama und Kind werden es dir danken!

SCHLAFENTZUG

Ihr werdet sicher manchmal wie Zombies in der Gegend rumlaufen. Denn der Schlafentzug wird sich bemerkbar machen. Mindestens in den ersten drei Monaten nach der Geburt des Babys geht eure Schlafdauer drastisch zurück.

Ihr verspürt dabei nicht nur eine extreme Form der Erschöpfung, sondern es kann auch sein, dass ihr gereizt und gestresst seid. Passt auf, dass sich das nicht negativ auf das Familienleben oder aber auf eure Beziehung auswirkt. Die Kommunikation sollte ebenso wenig darunter leiden.

Grundsätzlich ist Schlafentzug nicht weiter besorgniserregend, solange beide Elternteile gesund sind und den Schlaf nachholen. Fragt sich nur wie und wann. Eine Möglichkeit besteht darin, sich einfach mit dem Kind hinzulegen. Wenn das Kleine Mittagsschlaf hält, spricht nichts dagegen, sich ebenfalls kurz hinzuhauen. Endlich hast du den Freifahrtschein für Nickerchen am Tag!

Nun könnte man meinen, dass mit einer Anzahl von 16 bis 18 Stunden, die ein Neugeborenes durchschnittlich schläft, problemlos der Schlafentzug kompensiert werden kann. Das ist aber mit Vorsicht zu genießen. Denn es fallen Tätigkeiten im Haushalt an oder liegen gebliebenen Aufgaben, die nachgeholt werden müssen.

Als Superpapa willst du dich sicher liebend gern daran beteiligen. Hinzu kommt, dass es keine verlässliche Regelmäßigkeit der Schlafenszeit des Babys gibt. Zumindest in den ersten Wochen nicht. Also doch ein bisschen Zombie sein.

Auch ein mehrfach nachts aufwachendes Baby sorgt sicher nicht für eine erholsame Nachtruhe – das ist klar. Ihr könnt euch dann nur damit trösten, dass das lebensnotwendig und sozusagen ein gutes Zeichen ist. Euer Schützling wacht auf, um Nahrung zu sich zu nehmen und sich sicher und umsorgt zu fühlen. Nicht nur deine Frau hat dich demnach also unter ihrer Fuchtel. Auch das Baby weiß, wie

es deine volle Aufmerksamkeit bekommt. Was soll man(n) machen?! Da hilft nur eins: Du passt dich dem Baby (und seiner Mama) an und nimmst dir so viel Schlaf, wie du kriegen kannst!

Dabei könnt ihr euch als Eltern mit dem „Nachtdienst" abwechseln – sofern du dich gut schlägst. Nach ungefähr sechs Wochen habt ihr diese Phase dann auch überwunden beziehungsweise könnt damit anfangen, sie hinter euch zu lassen.

Ab diesem Zeitpunkt könnt ihr versuchen, dem Baby einen gewohnten Rhythmus beizubringen, indem ihr eine Routine einführt. So wird das Kind lernen, dass es bei Tageslicht wach sein und spielen darf, wohingegen es ins Bett geht, wenn es dunkel wird.

Falls ihr das alles gar nicht unter einen Hut bekommt, scheut euch nicht davor, Hilfe anzunehmen. Gerade Freunde oder Großeltern können eine enorme Unterstützung sein, indem sie einfach nur Einkäufe oder Aufgaben im Haushalt erledigen. Auch indem sie euch als Babysitter zur Seite stehen, können sie euch ein paar Stunden entlasten. In der Zeit könntet ihr beide euch ins Schlafzimmer zurückziehen. Die Wahrscheinlichkeit, dass in eurem Bett in der ersten Zeit nach der Geburt dann mehr geht, als dass ihr beide friedlich schlummert, ist eher gering. Aber keine Sorge: Das legt beziehungsweise regt sich wieder. Mehr dazu im entsprechenden Abschnitt.

Ein letzter Tipp in diesem Zusammenhang: Lasst euch nicht zu sehr stressen! Konkret bedeutet das, dass ihr euch auf das Wichtiges – in der Regel das Kind – konzentrieren sollt. Andere Pläne oder Aufgaben wie das Rasenmähen, Lesen oder aber zum Beispiel auch die Planung einer großen Party kann warten. Anders als der Windelwechsel oder die nächste Fütterung können solche Sachen meist problemlos nach hinten verschoben werden. Außerdem könnt ihr so etwas doch auch viel mehr genießen, wenn ihr währenddessen nicht unter extremen Schlafmangel leidet!

DAS RICHTIGE HANDLING

Nicht nur, dass du dabei sicher mit Adleraugen von der Mama überwacht wirst, auch dir ist bestimmt daran gelegen, alles richtig zu machen. Hier erfährst du alles über das Handling des Babys.

Wie halte ich das Baby?

Ein Baby ist ganz schön zart – da hat man(n) fast Angst, etwas kaputt zu machen. So schnell geht das aber nicht. Mit einigen wenigen Tipps wirst du dein Baby richtig halten.

Das Baby beim Aufnehmen mit dem Kopf stützen

Bevor es ans richtige Tragen oder Halten geht, musst du das Kind vorsichtig aufnehmen. Die Hauptsache dabei ist, dass du den Kopf stützt. Denn dein Baby kann aufgrund der noch nicht ausgebildeten Nackenmuskulatur den Kopf nicht selbstständig halten. Einen Wackeldackel-Moment gilt es unbedingt zu vermeiden!

Rückenlage:

einen Unterarm unter den Rücken und den Kopf legen und gleichzeitig die andere Hand vorsichtig unter den Po des Babys schieben oder

mit einer Hand den Kopf- und Nackenbereich des Babys stützen und von der anderen Seite unter den Po und die Wirbelsäule greifen

Bauchlage:

mit dem Arm in Fußrichtung des Babys unter den Bauch greifen, dass der Kopf in deiner Armbeuge liegt, mit der anderen Hand unter den Po des Babys greifen

Seitenlage:

mit einer Hand ein wenig den Kopf sowie den Nacken stützen und dannvorsichtigaufnehmen–dasBabykannindiesemFall versuchen, den Kopf selbst zu halten

Das Baby in der Schulterhaltung halten

Die meisten Babys lieben die Schulterhaltung, bei der sie mit dem Bauch an der Brust des Papas (oder der Mama) liegen. Der Kopf ruht dabei auf der Schulter, während gleichzeitig mit dem Arm oder einer Hand der Po des Babys gestützt wird. Die andere Hand stützt den Rücken und den Nackenbereich.

Das Baby im Fliegengriff halten

Bei dem Fliegengriff liegt das Baby bäuchlings auf deinem Unterarm. Indem dein Ellenbogen den Kopf des Kleinen stützt, kann es seine Umwelt ganz genau beobachten. Mit der Hand greifst du durch die Babybeine und stützt es am Oberschenkel. Die andere Hand kann für einen stabilen Halt zusätzlich den Oberkörper des Babys festhalten.

Von Angesicht zu Angesicht

Wenn du dein Baby direkt ansehen möchtest, hältst du es vor dir hoch und stützt mit der einen Hand den Po, während du mit der anderen den Kopf stabilisierst.

Wiegehaltung

Indem du dein Baby mit dem Rücken in deinen gebeugten Unterarm legst, sodass der Kopf in deiner Armbeuge liegt, wird die Wiegehaltung eingenommen. Mit deiner Hand kannst du dabei den Po stützen, die andere hast du zur freien Verfügung.

Das Baby richtig übergeben

Brauchst du dann doch einmal eine Pause und möchtest das Baby der Mama oder jemand anderem übergeben, muss eine Hand den Po stützen und die andere den Nacken. Der Partner dieser Übergabe platziert seine Hand zwischen deiner und den Po des Babys sowie zwischen deiner Hand und den Nacken des Babys.

Sei immer vorsichtig, aber nicht übervorsichtig. Die Routine stellt sich von ganz allein ein. Falls dem Baby ein Griff nicht passt oder es nicht gehalten werden will, dann meldet es sich sowieso. Es wird sich auch bemerkbar machen, wenn du zu schnell die Position wechselst. Sei dir dessen also bewusst und versuche die Bewegung anfangs sozusagen in Slow Motion durchzuziehen.

Wie beruhige ich das Baby?

Egal ob Hunger, Müdigkeit oder eine volle Windel, das Weinen das Babys kann viele Gründe haben. Hast du aber grundlegende Bedürfnisse des Babys befriedigt und das Kleine weint immer noch, gibt es diverse Methoden, die dafür sorgen, dass sich dein Baby beruhigt. Die folgenden Tipps helfen dir, das Kind zum Schweigen zu bringen – natürlich nicht für immer!

Schaukeln

Damit ist nicht die Schaukel auf dem Spielplatz gemeint (wobei – vielleicht auch die bei Bedarf), sondern das Hin- und Herwiegen deines Babys.

Tanzen oder Gehen

Mit dem Baby durch das Wohnzimmer auf und ab gehen oder aber eine kleine Tanznummer durchziehen kann Wunder wirken.

Kuscheln

Körperkontakt und intensive Nähe können alles sein, was das Baby sichgeradewünscht.DazugehörenauchU marmungen,

Händchenhalten oder Streicheleinheiten.

Babymassage

Viele Babys beruhigen sich mit einer sanften Massage, die auch die Entwicklung fördert.

Baden

Das durch ein Bad ausgeschüttete Hormon Oxytocin sorgt dafür, dass sich das Baby wohlfühlt.

Geräusche

Ein Geräusch, das das Baby ablenkt, kann es auch schlagartig beruhigen. Zwar kann es dauern, ein solches zu identifizieren, aber vielleicht hört es bereits bei dem Brummen der Waschmaschine auf zu weinen. Damit könntest du sogar zwei Fliegen mit einer Klappe schlagen und gleichzeitig im Haushalt mithelfen.

Singen/Musik

Die Stimme der Eltern ist für die meisten Babys sehr entspannend. Fang also einfach mit sanften Lauten an und beruhige den Nachwuchs mit einem Lied (egal, wie schief du singst). Alternativ kannst du natürlich auch etwas vor- beziehungsweise abspielen.

Pucken

Das ist eine Technik, die das Baby an seine Zeit im Mutterleib erinnert und deshalb beruhigend wirkt. Wickel dafür das Baby eng in eine Decke (lass dir diese Technik erst zeigen).

Schnuller

Der Schnuller sollte nur als letzte Maßnahme ergriffen werden, denn das Saugbedürfnis wird in der Regel bereits bei der Fütterung gestillt. Bei übermäßigem Einsatz könnte das Entwicklungsstörungen nach sich ziehen. Sei also vorsichtig damit.

Das Kind zu schütteln darf niemals eine Option zur Beruhigung sein. Damit kannst du dem Baby erheblichen Schaden hinzufügen – bis hin zum Tod. Versuche, dich selbst zu beruhigen (tief durchatmen oder sonst wie Dampf ablassen?), bevor du deine Genervtheit an deinem Baby auslässt. Deine innere Gelassenheit wird sich übertragen, wenn das Baby deinen ruhigen und regelmäßigen Herzschlag spürt.

Wie füttere ich das Baby?

Die Brust geben kannst du deinem Baby nicht. Aber es mit dem Fläschchen füttern – das kommt ohnehin zum Einsatz, wenn die Mama nicht (mehr) stillt. Hier steht wie´s richtig geht.

Baby mit Blickkontakt in den Arm legen, Kopf in der Armbeuge positionieren

Während des Fütterns Körperkontakt suchen – gerne auch „oben ohne", damit sich das Baby an deine Brust kuscheln kann (intensiver

Körperkontakt ist wissenschaftlich erwiesen sehr beruhigend und gesund für das Baby)

Lippen anstupsen und damit das Baby zum Saugen bringen (Trinkreflex anregen)

möglichstkleinesSaugerlochwählen–Saugbedürfnisund Hunger gleichzeitig stillen

Zeit fürs Bäuerchen – das Baby zum Aufstoßen aufrecht halten (Spucktuch bereithalten)

Dann wäre da außerdem noch das Füttern der , das mit Befolgen der hier aufgeführten Techniken bestimmt zum Kinderspiel wird.

Flugzeug – den Löffel mit ausladenden Bewegungen und

Flugzeuggeräuschen einfliegen

Übertriebene Begeisterung – den Brei unter großem „Wow" und Bewundern zuführen

Kopfnuss – mit dem Löffel so lange den Mund anstupsen, bis er sich öffnet

Überraschungsangriff – mit etwas anderem Ablenken und dann plötzlich füttern

Engelsgeduld – so lange den Löffel hinhalten, bis das Baby zulangt

Vormachen – zeig, wie du selbst am liebsten Löffeln abschlecken würdest

Wie kleide ich mein Baby richtig ein (Sommer/Winter)?

Bei der Wahl der richtigen Klamotten kannst du dich an der entsprechenden Checkliste (siehe auch Checkliste: Erstausstattung (Sommer-/Winterbaby)) orientieren. Jetzt heißt es: Ran an das Kind. Allgemein empfiehlt es sich, das Zwiebelprinzip zu nutzen. Das kennst du vielleicht nur aus der Küche, bedeutet in diesem Zusammenhang aber, die Klamotten so auszuwählen, dass je nach Temperatur Schicht für Schicht aus- oder wieder angezogen werden kann – behalte das sowohl für den Sommer als auch für den Winter im Hinterkopf.

Sommer

Sommerliches Zwiebelprinzip nutzen – ärmelloser/kurzärmeliger Body, kurzes T-Shirt, bequeme Shorts und eine leichte Jacke

kurze weite Hosen aus Stoff mit Gummiband oder Strampler ohne Fuß wählen, um Socken bei Bedarf unkompliziert ausziehen zu können

atmungsaktive und leichte Kleidung aus reiner Baumwolle, Bio-

Baumwolle oder Leinen wählen

eine Nummer größere Kleidung bei starker Hitze anziehen

luftige, dicht gewebte Kleidung in dunklen Farben für einen besseren UV-Schutz anziehen

Sonnenhut (am besten mit breiter Krempe) und Sonnencreme nicht vergessen

Winter

Zwiebelschichtverfahren für den Winter – langärmliger Body, langärmliges Shirt, Strumpfhose, bequeme Hose und eine Jacke oder einen Schneeanzug

Baumwollstoffe oder Stoffe aus Flanell wählen, die die Wärme speichern

Bei einem Strampler ohne Füße unbedingt an dicke Socken oder Wollschuhe denken

Fäustlinge anziehen und am besten an der Jacke anbinden, damit sie nicht verloren gehen

Halstuch geht vor Schal – Schals sind bei Babys nicht zu empfehlen, daher lieber ein Tuch

Baumwoll-, Fell- oder Fleecemütze in der passenden Größe wählen (das Kind entscheidet)

Ob nun im Sommer oder Winter, hier folgen noch die letzten Tipps, wie das Ankleiden des Babys gelingt (Achtung: Die Gefahr,

dass du zum Wiederholungstäter wirst und dann immer das Baby anziehen musst, weil du dich so gut machst, ist groß.):

Gute Vorbereitung ist alles – sämtliche Kleidung bereitlegen

So schnell du kannst – das Baby möglichst schnell und ohne Unterbrechung anziehen

Schlau sein und die richtige Kleidung wählen:

Über den Kopf zu ziehende Kleidung zunächst vermeiden oder den Kragen so weit wie möglich öffnen und von hinten über den Kopf ziehen

Hemden, Blusen und andere Kleidungsstücke mit Knöpfen vermeiden

Strampler verwenden, die an den Seiten knöpfbar sind
Mikado spielen – Das Baby beim Anziehen so wenig wie möglich

bewegen

Adleraugen – Das Baby nie aus den Augen lassen

B A B Y P F L E G E

Auch bei der Pflege des Babys gibt es viel zu beachten. Getreu dem Motto „weniger ist mehr" reicht es hingegen, das Baby an eine sorgsam ausgewählte Bade- und Pflegeroutine zu gewöhnen. In diesem Kapitel geht es darum, wie das Baby richtig gebadet und gewickelt wird.

Baden:

EinbiszweiMalwöchentlichBadenodereine Ganzkörperreinigung mit Waschlappen

Bei trockener Haut ein wenig Öl ins Badewasser geben oder einmassieren

Haare ohne Shampoo mit Wasser reinigen und mit weichen Bürsten verwöhnen

Den Po oft und sanft reinigen – mit feuchtwarmen Waschlappen abtupfen

sparsamWundschutzcremeaufdemGesäßunddem Genitalbereich auftragen, falls nötig

(Ansonsten trägt die intakte Haut Schäden davon)

vorsichtig die Ohren reinigen – nur die Ohrmuschel von außen mit einem feuchten Lappen

(Der Gehörgang reinigt sich von selbst; ebenso verhält es sich mit der Nase.)

Wickeln:

Alle zum Wickeln notwendigen Dinge bereitlegen (Windeln, Waschlappen, Handtuch, Wechselkleidung, Wasser und Feuchttücher)

Beim Windelwechsel das Baby leicht drehen; dazu das Baby auf Hüfthöhe anfassen und auf die Seite drehen

Baby vollständig und vorsichtig von Stuhlresten und Urin befreien und den Po abtrocknen –

Eincremen ist nicht notwendig, da gelegentliches dünnes Eincremen im Alltag ausreicht

Po des Babys sanft anheben und die Windel halb darunter schieben, die andere Windelhälfte umklappen und durch die Beine das Babys nach oben führen, sodass sie am Bauch mithilfe der Klebestreifen geschlossen werden kann – eng anliegend, aber nicht zu eng

Baby schleunigst wieder anziehen

Die Zeit der Babypflege kannst du vor allem auch für die Beziehungspflege nutzen. Du kannst die Zeit gut verwenden, um dich ein bisschen „einzuschleimen". Rede währenddessen immer mit deinem Baby, sodass es sich an deine Stimme gewöhnt.

Wenn du erklärst, was du machst, wird es sich auch an die Wörter gewöhnen und damit auf die routinierten Handgriffe vorbereitet. Außerdem freut sich dein Nachwuchs garantiert darauf, wenn du die Pflegeeinheiten mit Schmusen oder Spielen verbindest. Wenn du deinen Job gut machst, sagt es vielleicht das Wort „Papa" vor „Mama". Wäre das nicht eine Belohnung für deinen Erfolg? So etwas schafft nicht jeder!

BABYKRANKHEITEN (WAS KÖNNTE AUF DICH ZUKOMMEN?)

Genauso wie auf den alltäglichen Umgang mit dem Baby solltest du auf Babykrankheiten vorbereitet sein. Wann wird ein Arztbesuch nötig, wann schreit das Baby einfach nur aufgrund von Durst, Hunger oder einer vollen Windel? Dieser Überblick behandelt häufige Erkrankungen.

Fieber – Leichtes Fieber siedelt sich in einem Bereich von 38 bis 39 Grad an, bis 40,5 Grad hohes Fieber und darüber sehr hohes Fieber. Wenn das Baby bei erhöhter Körpertemperatur auch noch zu frösteln beginnt, ist es sehr wahrscheinlich, dass das Baby nicht einfach nur zu warm angezogen ist. Fieber bedeutet in erste Linie, dass der Körper in den Abwehrmechanismus wechselt. Er kämpft gegen die Erreger. Viel trinken (stillen) und das Einkleiden in leichte Baumwollkleidung helfen, um die Körpertemperatur des Babys rasch wieder zu senken.

Wadenwickel können das Fieber senken. Wenn die Temperatur im ersten Lebensjahr des Kindes über 38,5 Grad steigt oder aber andere Begleiterscheinungen auftreten (Durchfall oder Erbrechen zum Beispiel), sollte ärztlicher Rat eingeholt werden.

1. Monats-Koliken – Hat das Baby sehr starke Schrei-attacken (noch mehr als sonst) und sichtbar Schmerzen, kann es sein, dass es sich um eine Kolik handelt. Ein hochroter Kopf, geballte Fäuste und angezogene Beine sowie ein geblähter Bauch sind weitere Indizien dafür. Dabei handelt es sich weniger um eine Krankheit als eher um einen Zustand, den es zu beobachten gilt. In den meisten Fällen endet diese Phase bis zum Ende des dritten Lebensmonats.

Wichtig bei Koliken ist es, für Entspannung und Entlastung zu sorgen. Streicheleinheiten, sanftes Hin- und Herbewegen sowie Bauchmassagen können helfen. Es hilft ungemein, wenn du dich mit

dem Baby beschäftigst und Körperkontakt suchst. Es gilt vieles, was du auch in den Methoden zur Beruhigung deines Babys gelernt hast. Falls ihr nicht sicher seid, ob es eine solche Kolik ist oder Begleiterscheinungen (wie

Fieber oder Erbrechen) auftreten, solltet ihr dennoch den Kinderarzt oder die Kinderärztin aufsuchen.

Durchfall und Blähungen – Durchfall, der meist schlagartig beginnt und verfärbten und übel riechenden Stuhl mit sich bringt, tritt oft auch in Kombination mit Blähungen auf. Bei Ersterem ist besonders darauf zu achten, den Wasser- und Elektrolytverlust auszugleichen. Stillen und viel Trinken hilft, sodass ein Arztbesuch erst nötig wird, wenn der Durchfall auch am zweiten Tag noch unverändert schlimm ist.

Bei Blähungen können Hilfsmittel aus der Küche wirksam sein. Dazu gehören Kümmel- und Fencheltee. Aber auch wechselseitiges Strecken der Beine oder eine Bauchmassage kann für Abhilfe und einen Pups sorgen. Pupsen gehört sicherlich eh zu deinem Alltag mit Baby dazu. Erst bei weiteren Auffälligkeiten (zum Beispiel Fieber, auffälliger Stuhlgang, kaum Gewichtszunahme oder Trinkverweigerung) oder bei andauerndem Durchfall, der nicht nur ein- oder zweimal auftritt, ist ein ärztlicher Rat einzuholen.

Ohrenschmerzen – Die Ohren können sich leicht durch einen Infekt des Nasen-Rachen-Raums entzünden. Wenn Wärme nicht hilft, solltest du bei Ohrenschmerzen lieber vorsichtig sein und frühzeitig auf professionelle Hilfe zurückgreifen – ab in die Arztpraxis.

Windeldermatitis – Wenn sich der Babypo entzündet und anschwillt oder sich sogar weitere Bläschen, Pusteln oder Ähnliches bildet, liegt Windeldermatitis vor. Dagegen hilft vor allem viel frische Luft – für den Po natürlich. Ermögliche so oft es geht das Strampeln mit nacktem Po oder wechsele ansonsten mindestens alle zwei bis drei Stunden die Windel. Zum Arzt muss das Baby nur, wenn sich der Zustand auch nach einer Woche nicht bessert.

Verstopfung oder Magen-Darm-Probleme – Durch eine ballaststoffarme Ernährung, zu wenig Essen oder auch eine zu geringe Trinkmenge kann eine Verstopfung entstehen. Da hilft es, die Ernährung entsprechend anzupassen und viel zu trinken. Eine Bauchmassage kann entspannend und abführend wirken. Lediglich bei andauernden und starken Schmerzen oder wenn die Windel dauerhaft leer bleibt, sollte der Kinderarzt/die Kinderärztin konsultiert werden. Da das Immunsystem in der Darmflora noch keine ausreichenden Abwehrkräfte entwickelt hat, kann es schnell zu Magen- und Darmproblemen kommen. Dann hat es höchste Priorität, den Flüssigkeitsverlust auszugleichen. Bei weiteren Auffälligkeiten sollte der Arzt oder die Ärztin aufgesucht werden.

Reflux – Der Rückfluss von Milch oder Magensaft in die Speiseröhre kann zu einer täglichen Angelegenheit werden. Er äußert sich durch vermehrtes Weinen oder Spucken nach dem Stillen. Zur Prävention achte darauf, das Baby in aufrechter Position zu füttern und sorge für Bäuerchen. Bedenklich wird Reflux nur, wenn er sehr häufig und stark auftritt oder andere Symptome dazukommen.

Zahnen – Zahnen ist natürlich auch keine Krankheit an sich, sondern die Zeit, in der das Baby Zähne bekommt. Aufgrund der individuellen Entwicklung gibt es keine genaue Monatsangabe. In den meisten Fällen erscheint der erste Zahn um den sechsten

Lebensmonat. Wenngleich die Begleiterscheinungen schon viel früher auftreten können. Beginnt das Baby an Dingen zu nagen und zu kauen, aber auch wenn es viel quengelt und unruhig ist – inklusive schlaflose oder unruhige Nächte – sind das typische Anzeichen. Sehr selten ist dabei ein Arztbesuch nötig. Viel eher ist es eine für euch anstrengende Phase, die es durchzustehen gilt; vom ersten Zahn an natürlich mit Zahnbürste und Kinderzahnpasta putzen.

KAPITEL 6

Das erste Jahr (wie entwickelt sich dein Baby)

Der Nachwuchs wird schneller groß, als du gucken kannst. In diesem Kapitel erhältst du daher einen Überblick, welchen Entwicklungsfortschritt du in welchem Monat beobachten

kannst. Dabei dient dieser nur als Anhaltspunkt und nicht als Maßstab schlechthin. Denn jedes Baby entwickelt sich in seinem eigenen Tempo und wenn deins zum Beispiel mit dem Krabbeln ein, zwei Monate hinterherhinkt, müsst ihr euch diesbezüglich keine Gedanken machen. Es läuft schon noch.

M O N AT 1 - 3

Das Baby ist mit den zwei wichtigsten Fähigkeiten bereits von Anfang an ausgestattet: Es kann saugen und schlucken. Typisch ist aber auch, dass es hungersuchend den Kopf bewegt oder hier und da kräftig zupackt. Pass also auf, was das Kleine in die Hände bekommt. Während es im ersten Monat noch nicht dazu in der Lage ist, den Kopf selbstständig zu halten, erreicht das Baby im zweiten Monat einen neuen Halterekord von bis zu zehn Sekunden – das betrifft die Fähigkeit, den Kopf in einer Linie mit dem Körper zu halten. Zum Ende hin kann es sogar den Kopf etwas anheben.

Während der Greifreflex zurückgeht, schreitet die geistige Entwicklung voran. Das Baby nimmt immer mehr das wahr, was um es herum passiert. Aktiv möchte es durch Hören, Tasten und Sehen daran mitwirken. Du kannst dich über den ein oder anderen Laut freuen, ganz besonders aber darüber, dass es zurückschmunzelt, wenn du es anlächelst. Du wirst bestimmt auch allen Grund dazu haben, denn es schläft nachts länger und schreit nicht mehr so unberechenbar.

Im dritten Monat kann sich das Baby robbenartig in Bauchlage auf die Unterarme stützen. Es beginnt bereits, Gegenstände zu greifen und immer mehr mit den

Fingern zu arbeiten. Der ein oder andere Finger kann dabei auch mal im Mund landen. Nicht nur das erregt wahrscheinlich deine Aufmerksamkeit, sondern auch, wie aufmerksam dein Baby schon ist. Es folgt Personen mit Blicken, als wolle es sagen: „Sprich mit mir." Es möchte, dass man mit ihm redet, aber auch hochgenommen werden. Mit neuen vokalähnlichen Lauten wird es antworten und immer mehr mit dir kommunizieren.

MONAT 4 - 6

Das Baby kann sich im vierten Monat schon sicher im

„Robbenmodus" aufrichten. Es wird auch schon den ein oder anderen Versuch unternehmen, eine seitliche Rolle zu machen. Dabei kann es sein, dass das Baby viel strampelt und auch versucht, sich in den Stand hochzuziehen, wenn du es an den Händen festhältst.

Es greift nicht nur nach deinem Finger oder deiner ganzen Hand, sondern nach allem, was es kriegen kann. Das meiste davon wandert zur Erkundung erst einmal im Mund – lecker. Dabei ist das Baby jedoch nicht gern allein und fordert viel körperliche Nähe oder Zuwendung. Jetzt können auch wieder deine Gesangskünste zum Einsatz kommen. Oder schieb diese Rolle an Oma und Opa ab, denn diese erkennt das Baby inzwischen wieder.

Mit Monat fünf kann sich das Baby dann endlich rollen und sogar schon kurzzeitig allein sitzen. So kann es gegebenenfalls auch besser seine immer stärker werdende Neugier befriedigen. Auch sich selbst begegnet das Baby im Spiegel mit einem Lächeln oder aber es brabbelt vor sich hin. Die Stimme von anderen kann es mittlerweile insofern unterscheiden, als Änderungen im Tonfall wahrgenommen werden. Mit dem sechsten Monat triffst du dein Baby hauptsächlich in Bauchlage an. Das oder aktives Sitzen ist doch viel praktischer bei der Umgebungsbeobachtung. Zu viel Zeit sitzend verbringen sollte es aber nicht, damit die Wirbelsäule geschont wird. Nicht nur das Gefühl für die Finger wird stärker, auch die Füße rücken in den Fokus der Aufmerksamkeit des Babys. Eure Aufmerksamkeit wird es möglicherweise fordern, weil es aufgrund des ersten Zahns viel weint oder schreit.

MONAT 7 - 9

Im Monat sieben rollt das Baby viel auf dem Bauch herum oder sitzt gern mit einem Kissen im Rücken. Das dient vor allem dazu, dass es nicht zur Seite wegkippt – alles ist noch eine wackelige Angelegenheit. Auf deinem Schoß wird es auch gern herumwackeln. Auf und ab hüpfen macht den meisten Babys sehr viel Spaß – wie wäre es mit hoppe, hoppe Reiter? Nach dem Toben fordert es vielleicht sein Fläschchen, das es schon ganz allein festhalten kann.

Der achte Monat bringt mit sich, dass das Baby auch schon versucht, Spielzeug oder andere Gegenstände festzuhalten. Dazu kann es sich auch mal drehen, um an den ein oder anderen Schatz zu gelangen. Auch die ersten Versuche zu krabbeln folgen bald. Die sind aber noch nicht von Erfolg gekrönt. Wenn du deinen Nachwuchs auf das Sofa oder ins Bett legst, pass auf, dass es nicht durch eine wilde Drehbewegung herunterfällt.

Erst im neunten Monat schreitet die körperliche Entwicklung stark voran. Das Baby kann nicht nur stabil sitzen, sondern kommt durch das Krabbeln bereits gut voran. Nicht selten muss man bei dem Bild wieder an eine Robbe denken, denn das Baby robbt sich manchmal durch die ganze Wohnung. Dabei kann es auch sein, dass es sich an Möbeln hochzieht oder Sachen davon herunterstößt. Zerbrechliche oder empfindliche Dinge sollten ja eh in Sicherheit gebracht werden. Vielen Babys bereitet es viel Freude, Gegenstände ganz bewusst herunterfallen zu lassen – sei also aufmerksam. Auch das Baby wird immer achtsamer, denn es versteht inzwischen die tägliche Routine und geht in seiner „Freizeit" gern auf Entdeckungsreise. Dabei kommt die Persönlichkeit immer mehr zur Geltung.

MONAT 10-12

Mit dem zehnten Monat versucht das Baby immer mehr, sich aufzurichten. Es kann nicht nur aus der Liegeposition selbstständig in eine Sitzposition kommen, sondern sich mithilfe von Möbeln auch gut hochziehen. Es kann zwar nicht allein stehen, sich dafür aber an sämtlichen Möbelstücken entlang hangeln. Die Schublade des ein oder anderen Schranks ist aber oft zu interessant, um sich einfach daran vorbei zu quetschen. Die werden gern mal geöffnet und ausgeräumt. Rein klettert es aber meistens noch nicht, höchstens die Treppe klettert das Baby ein bisschen herauf.

Im Monat elf ist es noch sicherer auf den Beinen und kann so auch viel mehr die Wohnung erkunden. Dabei trainiert es gern die Feinmotorik und trägt den ein oder anderen Gegenstand hin und her. Diese kann es zum Teil auch schon benennen, in seiner eigenen Sprache natürlich. Bestimmte Dinge bekommen von dem Baby besondere Namen, wie zum Beispiel „Dada". Es hilft dem Baby, wenn du das, was du tust und Gegenstände auch benennst. Du solltest dafür aber keine Babysprache benutzen, sondern die richtigen Namen und Begriffe verwenden.

Im zwölften Monat versteht das Baby schon Aufforderungen genauso wie Verbote. Das heißt aber nicht, dass es die auch immer beachtet. Es interessiert sich außerdem stark für Bilderbücher, noch stärker aber für seine Eltern. Du wirst merken, dass es dich gegebenenfalls gezielt anspricht. Außerdem ist es sehr kuschelbedürftig. Wenn es merkt, dass du über etwas lachst, was es tut oder du es lobst, dann wiederholt das Baby diese Aktivität ganz bewusst. Vielleicht kann es dir etwas mit seinem Spielzeug zeigen? Denn es kann bereits mehrere Spielzeuge gleichzeitig in der Hand halten. Beim Laufen braucht das Baby noch die Unterstützung deiner Hände. Bald kann es immer besser das Gleichgewicht halten und wird mutiger ein Bein vor das andere setzen. Mit elterlicher Hilfe kannesschnurstracksinRichtungseineserstenoffiziellen Geburtstags gehen.

KAPITEL 7

Job, Familie, Freizeit (wie bekommt man alles unter einen Hut?)

Neben dem möglicherweise den Lebensunterhalt sichernden Job, hast du noch einen Fulltime-Job: Papasein. Klingt fordernd und anstrengend? Alles halb so schlimm. Mit

entsprechender Einstellung und Organisation bekommst du nicht nur Job und Familie unter einen Hut. Wenn du alles richtig machst, springt noch ein guter Teil Freizeit für dich dabei raus. Das ist ziemlich wichtig, denn keiner der drei Punkte sollte leiden. Hier gibt es ein paar Tipps, wie dir das gelingt:

Für eine klare Struktur sorgen

Gerade weil es im Alltag mit Baby mal drunter und drüber gehen kann, bedarf es einer guten Struktur. Eine tägliche Routine hilft dabei, den Alltag stressfreier zu machen. Programmpunkte wie das Baby füttern und anziehen, sollten sich am besten möglichst nahtlos in den Tagesplan einfügen.

Gerade am frühen Morgen, wenn Morgenmuffel am Start sind oder das Baby nur noch schreit, kann die Abarbeitung einer vorgegebenen Struktur das Ganze entschleunigen. Besonders kleine Rituale, auf die sich die Beteiligten freuen, sind dabei wichtig. Ebenso ist es empfehlenswert, gemeinsame Mahlzeiten anzuvisieren – sofern das mit der Arbeit vereinbar ist.

Wenn es mittags nicht geht, dann zumindest abends. Um sonstige Termine, abgesehen von Beruflichem, besser strukturieren zu können, bietet sich ein Kalender an. Am besten ein Familienkalender, in dem sämtliche Termine und Aktivitäten eingetragen werden, auch beziehungsweise besonders die des Babys. So lassen sich auch schöne Überraschungen unproblematisch einschieben.

Genug Zeit einplanen

Die effektivste Lösung, um Stress im Alltag vorzubeugen, ist es, ausreichend Zeit einzuplanen. Manche Aktivitäten lassen sich einfach nicht planen oder zerschießen den Plan, der vorher so sorgfältig geschmiedet wurde. Wenn es beim Wickeln nun mal länger dauert oder das Baby aus sonstigen Gründen den Plan aus dem Ruder laufen lässt, kann das einfach nicht geändert werden.

Arbeitet daher mit einem Puffer bei allem, was mit dem Baby zu tun hat. Steht zum Beispiel eine Autofahrt an, kannst du noch so gut alles vorbereitet und gepackt haben. Wenn dann ausgerechnet kurz vor der Abfahrt die Windel voll ist, lässt sich das einfach nicht anders machen. Ein zeitlicher Puffer lässt es halb so schlimm erscheinen. Bei einem älteren Kind lohnt sich diesbezüglich der Wettbewerb- Trick. Mach einen Wettbewerb draus, sporn das Kind an. Du wirst sehen, wie viel Zeit rauszuholen ist!

Vom Prinzip der Arbeitsteilung Gebrauch machen

Geht es um anfallende Tätigkeiten im Haushalt, den Einkauf oder sonstige Aufgaben, so sei gesagt: Diese lassen sich gut aufteilen. Wenn jeder mit anpackt, geht alles halb so schnell. Und das Beste: Es bleibt mehr Freizeit! Dabei kannst du auch ruhig im Laufe der Zeit dein Kind mit einspannen. Natürlich nicht das Baby und nichts, was unter Kinderarbeit fallen könnte.

Ab einem Alter von drei Jahren können Kinder mehr und mehr dazu ermutigt werden, sich selbst an- und auszuziehen oder

zumindest ein bisschen das Zimmer aufzuräumen. Wenn sie das dann erfolgreich getan haben und du sie lobst, hast du gleich zwei Fliegen mit einer Klappe geschlagen: Das Kind freut sich über die Anerkennung, wird ermutigt, das auch fortan zu machen und du hast damit eine Aufgabe weniger. Eigentlich sind es dann sogar drei Fliegen mit einer Klappe. Denn die Mama wird sicher auch stolz sein, wenn sie sieht, wie gut das funktioniert.

Bewusst Zeit nehmen

Sich bewusst Zeit für etwas nehmen, das sagt sich so leicht. Aber gerade im Hinblick auf das Vereinbaren von Job, Familie und Freizeit ist das enorm wichtig. Und damit ist sowohl die Zeit für das Kind, also auch die mit der Partnerin sowie die für dich selbst gemeint. Plane also Zeiten ein, in denen du ganz bewusst eine Auszeit vom Alltag nimmst.

Es ist vor allem auch für die Bindung zum Kind wichtig, dass ihr regelmäßig Zeit miteinander verbringt. Schaffe dafür Erlebnisse und schenke deinem Baby oder Kind ganz bewusst deine Aufmerksamkeit. Obgleich du das Buch schon zum hundertsten Mal gelesen hast oder das Hörspiel schon auswendig kannst, richte dich nach den Wünschen des Kindes.

Konzentriere dich voll darauf, worüber es sich in solchen Momenten freut. Damit auch die Beziehung nicht in den Hintergrund rückt, nimm dir ganz bewusst Zeit für die Zweisamkeit mit der Mama. Sobald ihr euch einen Babysitter gesucht habt, könnt ihr entweder ausgehen oder euch einfach nur zurückziehen und die Erwachsenenzeit genießen. Das geht übrigens auch, wenn das Baby/Kind schläft oder zum Spielen mit Gleichaltrigen verabredet ist. Hauptsache, ihr seid ungestört und müsst nicht ständig damit rechnen, dass euch der Nachwuchs dazwischenfunkt. Ähnliches gilt für die Zeit, die du dir für dich nimmst. Es ist genauso wichtig, dass du ab und zu nur Zeit für dich hast und Kraft tanken kannst. Nimm dir etwas vor, dass du früher vielleicht immer gemacht hast – triff

Freunde oder zieh dich einfach in Ruhe zurück und schau Fernsehen, lies die Zeitung, treibe Sport oder leg die Beine hoch. Du hast es dir genauso verdient wie die Mama auch!

Hilfe/Unterstützung annehmen

Beim letzten Tipp geht es darum, auch mal die Reißleine zu ziehen. Es ist keine Schande, sich einzugestehen, dass es ohne Unterstützung zum aktuellen Zeitpunkt einfach nicht weitergeht. Das ist kein Zeichen von Schwäche, eher eine logische Schlussfolgerung. Es ist manchmal nicht zu leugnen, dass ihr mehr Hilfe benötigt, um den Alltag zu bewältigen. Die Hilfe kann manchmal schon ein simpler Ratschlag von außen sein. Vielleicht hilft ein Tipp von Freunden dabei, den Alltag stressfreier zu gestalten. Greift aber auch auf die Großeltern zurück, die vorbeikommen und einen Ausflug mit dem Kind unternehmen können. So leidet weder die Harmonie innerhalb der Familie noch die zwischen euch als Eltern darunter.

KAPITEL 8

Vom Paar zu Eltern

Ihr seid nun nicht mehr nur zu zweit, sondern tragt Verantwortung für (mindestens) eine dritte Person. Neben der Babypflege und all den Aufgaben, die der Nachwuchs mit sich bringt, gilt es aber

auch, eure Paarbeziehung zu pflegen. Denn diese ist die Grundlage eurer Familie und bildet die Basis für ein harmonisches Familienleben mit Kind.

MAN IST TROTZDEM IMMER NOCH MANN UND FRAU

Zwar dreht sich vieles um das Kind, aber auch deine beziehungsweise eure Wenigkeit darf nicht zu kurz kommen. Falls die um das Kind kreisende Mama keine

Augen mehr für dich hat, musst du das klar ansprechen und die Aufmerksamkeit wieder mehr auf dich und besonders euch als Paar lenken. Dafür ist es nicht notwendig, dass du wie der Nachwuchs schreiend nach ihr verlangst oder Essen forderst. Genau das Gegenteil könnte helfen: Rücke dich wieder in den Fokus, indem du ganz vorsichtig und bewusst an sie herantrittst. Anstatt von ihr etwas zu verlangen, gib ihr etwas. Schenke ihr deine Aufmerksamkeit und deine Liebe. Wenn es auch nur ein flüchtiger Kuss ist (vielleicht macht der ja auch schon Lust auf mehr) oder die von dir selbst zubereiteten Spaghetti. Liebe geht ja auch oft durch den Magen.

Dazu gehört aber nicht immer nur die traute Zweisamkeit. Es ist ebenso wichtig, dass ihr jeweils euren Interessen nachgeht. Wenn du dich mit deinen Kumpels zum Fußballgucken oder auf ein Bierchen treffen möchtest oder aber du zum Töpferkurs oder zur Massage gehen möchtest, nur zu. Definiere dich nicht nur über deine Paparolle. Ein Trick diesbezüglich ist es auch, dich in ein Umfeld zu begeben, in dem das Thema Kind gar nicht erst aufkommt oder fast nicht. Würdest du im Stadion oder beim Konzert über volle Windeln oder ein schreiendes Kind sprechen? Unternimm das, worauf du Lust hast und mach das, was du sonst auch ohne Kind unternehmen würdest. So ein kleines Kind sollte nicht die Mach haben, dich von deinen Hobbys und Interessen abzuhalten, oder was denkst du? Sprich dich diesbezüglich mit der Mama ab, die hat sicher auch Freizeitbedarf. Oder ihr greift doch auf den Babysitter zurück und zieht zusammen los.

Ein anderer Tipp ist es auch, den Kontakt zu anderen frischen Eltern zu suchen. In einem solchen Fall kommt ihr zwar sehr wahrscheinlich nicht (weit) weg von dem Baby-Thema, aber ihr könnt euch intensiv austauschen über euren Nachwuchs. Es tut manchmal echt gut, mit anderen zu sprechen, die einen ähnlichen Alltag und Probleme haben wie ihr. Vielleicht haben die ja auch den ein oder anderen Tipp, wie man den Alltag als Mann und Frau mit Baby meistert.

BEZIEHUNGSPFLEGE

Zu einer gesunden Beziehung gehört, dass jederman(n) glücklich ist und auf seine Kosten kommt. Wenn ihr euch bewusst Zeit für euch zwei nehmt, hält das nicht nur die Liebe frisch. Das wirkt sich auch auf ein harmonisches Zusammenleben aus. Denn ein Kind ist glücklich, wenn die Eltern glücklich sind. Schnapp dir also regelmäßig deine Frau und entführe sie zu einem Ausflug oder einfach nur ins Schlafzimmer (du hast hoffentlich vorher das Kind beiseitegeschafft, es zu den Großeltern oder in die Obhut des Babysitters gegeben).

Auch ein gemeinsames Bad, zusammen spazieren gehen, Sport treiben oder ein Kinoausflug können schöne Momente zu zweit schaffen. Lasst die Leidenschaft wieder aufleben und plant oder unternehmt all das, wonach euch ist. Eure Paarbeziehung kann zwar immer wieder mal beeinflusst werden und ist weniger von Lust oder Spontanität geprägt wie zu Beginn. Ihr allein habt aber in der Hand, was ihr daraus macht und wie ihr den anfänglichen Funken wieder auflodern lasst. Wo ein Wille ist, ist auch ein Weg.

Manche Eltern lernen erst wieder neu „nur" ein Paar zu sein. Anfangs fällt es oftmals schwer, aus dem Elternuniversum zurück in den Paaralltag zu kommen. Zwar werdet ihr sicher nicht gleich alle möglichen Sexstellungen und Sextoys ausprobieren (sofern Interesse daran besteht), aber solange der Gedanke an das Kind und dessen Spielzeug erfolgreich verdrängt wird, reicht das für den Moment vielleicht schon. Wenn ihr mehr Abstand braucht, gibt es zwei Möglichkeiten: Entweder ihr quartiert das Kind aus oder aber euch selbst. Setzt es bei dem Babysitter eurer Wahl ab und schafft euch ein kurzzeitiges Liebesnest ohne Kind. Oder ihr lasst die Vertrauensperson zu euch nach Hause kommen und ihr sucht euch eine Alternative. Bestimmt gibt es auch eine Suite für die Wiederholung der Flitterwochen und ganz viel Sex. Na gut,

realistisch bleiben: Es wird wahrscheinlich höchstens eine Honeymoon-Nacht. Genießt sie trotzdem in vollen Zügen.

Ein bisschen musst du dich aber in Geduld üben. Erst nach ungefähr sechs Wochen nach der Entbindung sind alle Geburtswunden verheilt und der vorgeburtliche Zustand der Frau wiederhergestellt. Zumindest was die Gebärmutter angeht – wohl kaum eine Frau hat nach so kurzer Zeit wieder ihre alte Figur zurückerlangt. Darauf musst du dich einstellen und auch darauf, dass sie deswegen keine Lust auf Sex hat. Es kann sein, dass sie sich in ihrem Körper noch nicht wieder wohlfühlt und auch die Hormonumstellung euch die Tour vermasselt. Das kannst du vielleicht nur bedingt nachempfinden. Versuche aber trotzdem Rücksicht zu nehmen. Das heißt nicht, dass du dich vollständig zurücknehmen musst. Sag oder zeig ihr vorsichtig, was du möchtest. Zeig ihr, dass du sie auch nach der Geburt noch begehrst.

Getreu dem Motto „Nicht mit den Reizen geizen" kannst du sie auch in Versuchung führen. Manchmal kann auch das ein oder andere Glas Wein Überzeugungsarbeit leisten. Vielleicht ist der Kopf der Frau dann etwas freier und ihr ist mehr danach, sich von dir verführen zu lassen. Falls sie nicht rumzukriegen ist, gib ihr Zeit und erst einmal auf. Da wäre ja noch Plan B – selbst ist der Mann. Sicher kennst du Mittel und Wege, Druck abzulassen. Und gerade, wenn du dabei an deine Partnerin denkst, wird sie dir sicher keinen Vorwurf deswegen machen. Fühl dich frei, das zu tun, was dir und eurer Beziehung guttut!

Wenn ihr euch nur noch über Windeln und Co. unterhaltet, ist es höchste Zeit, daran etwas zu ändern. Die meisten frischen Eltern haben kaum Zeit und Energie für romantische Candle-Light-Dinner und für andere beziehungsbelebende Versuche. Bleibt aber dran und lehnt euch nicht zurück im Glauben daran, dass sich das alles schon wieder irgendwie ergibt. Eine Beziehung bedeutet immer auch Arbeit und du hast bestimmt die Erfahrung gemacht, dass du Arbeit da reinstecken muss. Die Beziehung ändert sich mit Kind eben nur

ein bisschen. Vielleicht hilft es euch ja, babyfreie Zonen einzurichten? Nehmt euch vor, beispielsweise in einem Raum keine Babythemen zu besprechen – idealerweise im Schlafzimmer, falls dort nicht das Baby schläft. Nehmt aber auch in euren Terminplan babyfreie Stunden mit auf. So könntet ihr ganz bewusst bestimmte Stunden und Zeitabschnitte nur für euch beide reservieren.

Vergleicht nicht permanent alles mit „dem Leben davor". Aber erinnert euch trotzdem an die guten Angewohnheiten und Dinge, die ihr beibehalten wollt. So sollten auch gemeinsame Rituale wie der Gute Nacht- oder Begrüßungskuss gepflegt werden. Und nicht zuletzt: Miteinander Reden. Kommunikation ist (fast) immer der Schlüssel zum Erfolg. Zeige Interesse an dem, was sie erzählt, öffne dich ihr und vor allem bleibt neugierig aufeinander. Das entfacht nicht immer gleich das Feuer der Leidenschaft, aber pflegt die Partnerschaft. Und die sollte immer mindestens genauso gut gepflegt werden wie ein Babypopo.

KAPITEL 9

Erziehung

Euer Nachwuchs mag gerade erst geboren sein, wird aber ganz schnell älter und größer. Dann müsst ihr euch entscheiden, welchen Erziehungsstil ihr wählt. Wie helft ihr

dem Baby zu einem autonomen Menschen heranzuwachsen? Wie schafft ihr die Balance zwischen zu viel („Helikopter- "oder

„Schneepflug-Eltern") und zu wenig Erziehung?

ZIEH MIT DEINEM PARTNER AM SELBEN STRANG

Natürlich müsst ihr euch nicht am Tag der Geburt für einen Stil entscheiden. Ebenso wenig gibt es die Wahl eines „richtigen" Erziehungsstils. Nicht die von euch letzten Endes gewählte Methode, sondern dass ihr euch beide für die gleiche Erziehungsmethode entscheidet, zählt. Denn innerhalb der Erziehung müsst ihr vor allem auch für Konsistenz sorgen. Das bedeutet, dem Kind ein stabiles Umfeld bieten und das gelingt nur gemeinsam. Ihr müsst euch einig sein, wie ihr dem Kind gegenüber auftretet. Das heißt nicht, dass ihr immer völlig gleicher Meinung sein müsst. Auch „Good Cop, bad Cop" dürft ihr mal spielen (wenn du schlau bist, nimmst du die Rolle des guten Bullen ein).

Wichtig ist lediglich, dass ihr mögliche Differenzen nicht permanent vor dem Kind austragt. Ebenso wenig solltest du deiner Partnerin vor dem Kind in den Rücken fallen. Du musst nicht zu allem Ja und Amen sagen, was Mama sagt. Darüber könnt ihr immer noch sprechen, wenn das Kind schon schläft oder nicht dabei ist. Oder ihr zeigt damit dem Kind, wie ihr es schafft, aufeinander einzugehen. Auch das ist eine wichtige Erfahrung, die euer Nachwuchs lernen muss. Das Beste ist, wenn ihr alle miteinander lernt. Du gemeinsam mit deiner (Erziehungs-)Partnerin und ihr beide wiederum als Einheit mit dem Kind.

ERZIEHUNGSSTIL

Nachfolgend werden die gebräuchlichsten Erziehungsstile kurz vorgestellt:

Autoritärer Erziehungsstil – Bei dem autoritären Stil werden strenge Regeln seitens der Eltern aufgestellt und durchgesetzt. Die Eltern haben das Sagen und geben eine hierarchische Struktur vor, in der das Kind kaum bis gar kein Mitspracherecht hat. Er wird auch als „Elterndiktatur" bezeichnet, in der das Kind nach den Vorstellungen der Eltern gelenkt und geführt wird.

Antiautoritärer Erziehungsstil – Bei diesem weit verbreiteten Erziehungsstil werden dem Kind sowohl Spielraum als auch Entscheidungsfreiheiten gegeben. Dabei wird sich von der Vorstellung abgewendet, dass Kinder nur mit viel Disziplin erzogen werden können. So wird nicht nur Kreativität gefördert, sondern auch das Selbstvertrauen gestärkt. Es ist das Gegenteil des autoritären Stils.

Demokratischer Erziehungsstil – Bei der demokratischen Erziehung darf das Kind gleichberechtigt mitentscheiden. Somit wird es zur Selbstständigkeit erzogen und Eigeninitiative gefördert. Die Eltern geben keine

Befehle vor, sondern es werden Vorschläge unterbreitet, die allen Beteiligten gerecht werden. Kommunikation und Vertrauen bilden die Basis in dieser Erziehung.

Laissez-Faire Erziehungsstil – Bei diesem Stil, der übersetzt

„machen lassen" bedeutet, nehmen die Eltern eine passive Rolle ein. Das Kind erzieht sich weitestgehend selbst und ihm wird kein Rahmen oder eine Orientierung seitens der Eltern vorgegeben.

Eltern greifen so wenig wie möglich ein, weshalb es zwischen diesem Stil und der Vernachlässigung nur ein schmaler Grat ist.

GRENZEN SETZEN

Gib eurem Kind genug Raum zur freien Entfaltung, aber nur so viel Freiheit, wie ihm guttut. Es ist wichtig, dass das Kind eigene Interessen entwickeln und seine Unabhängigkeit erforschen kann. Auch Versagen muss gelernt sein. Das Kind sollte genauso wie Erfolgs- auch Versagenserlebnisse haben. So hart das auch klingt – du musst dein Kind ja nicht so sehr scheitern lassen, dass es im Krankenhaus landet oder nachhaltig geschädigt ist.

Alles sollte in einem sprichwörtlich gesunden Rahmen stattfinden. Genauso gesund ist es dementsprechend, an einigen Stellen Grenzen zu setzen. Das gilt nicht nur im Hinblick auf wirklich gefährliche Situationen, sondern auch auf die Erziehung allgemein. Denn Grenzen sorgen auch für Sicherheit.

Daran kann euer Kind sich orientieren. Denn diese Grenzen spiegeln die elterlichen Werte wider und gehen oft einher mit dem gesellschaftlichen Zusammenleben. Sicher wirst du auch das ein oder andere Mal beobachten, wie dein Kind bewusst eine Grenze austestet. Lass dich ja nicht darauf ein, beziehungsweise lass dich nicht von den großen Kulleraugen einlullen. Bleib standhaft und sag auch mal „Nein.". Du wirst nicht darum herumkommen, dich mal unbeliebt zu machen. Vertraue auf deine Papa-Fähigkeiten und lass nicht zu, dass dein Kind die von dir gesetzten Grenzen einreißt.

Milton Keynes UK
Ingram Content Group UK Ltd.
UKHW021811010124
435297UK00016B/994